Eman: Swedenborg

Eman: Swedenborg

Eman: Swedenborg

Eman: Swedenborg

往返天堂地獄的科學家

史威登堡

最精彩中文傳記

親眼見證靈界

300 年來靈魂探索史上最重要的人物

威廉・懷特（William White）&
班傑明・伍斯特（Benjamin Worcester）——原著
柿子文化編輯部——編整　　張家瑞——譯

Mystery 62

往返天堂地獄的科學家史威登堡最精彩中文傳記
：親眼見證靈界，300 年來靈魂探索史上最重要的人物

原著書名　Life of Emanuel Swedenborg & The Life and Mission of Emanuel Swedenborg
原書作者　威廉・懷特（William White）、班傑明・伍斯特（Benjamin Worcester）
企劃編整　柿子文化編輯部
譯　　者　張家瑞
封面設計　林淑慧
特約美編　顏麟驊
特約編輯　洪禎璐
主　　編　劉信宏
總 編 輯　林許文二

出　　版　柿子文化事業有限公司
地　　址　11677 臺北市羅斯福路五段 158 號 2 樓
業務專線（02）89314903#15
讀者專線（02）89314903#9
傳　　真（02）29319207
郵撥帳號　19822651 柿子文化事業有限公司
投稿信箱　editor@persimmonbooks.com.tw
服務信箱　service@persimmonbooks.com.tw

業務行政　鄭淑娟、陳顯中

初版一刷　2025 年 03 月
定　　價　新臺幣 450 元
ISBN　978-626-7613-22-1

網路搜尋 60 秒看新世界
～柿子在秋天火紅 文化在書中成熟～

國家圖書館出版品預行編目 (CIP) 資料

往返天堂地獄的科學家史威登堡最精彩中文傳記：親眼見證靈界，300 年來靈魂探索史上最重要的人物 / 威廉・懷特 (William White), 班傑明・伍斯特 (Benjamin Worcester) 原著；張家瑞譯. -- 一版. -- 臺北市：柿子文化事業有限公司，2025.03
面； 公分. -- (Mystery ; 62)
譯自：Life of Emanuel Swedenborg & The Life and Mission of Emanuel Swedenborg
ISBN 978-626-7613-22-1 (平裝)

1.CST: 史威登堡 (Swedenborg, Emanuel, 1688-1772.) 2.CST: 傳記 3.CST: 通靈術 4.CST: 靈界

784.758　　114000251

史威登堡 75 歲時的畫像，手裡拿著即將出版的《啟示錄揭密》手稿（1766 年）。

史威登堡木版畫，1869 年。

史威登堡畫像。
卡爾· 弗雷德里克· 馮· 布雷達（Carl Frederik von Breda）繪。

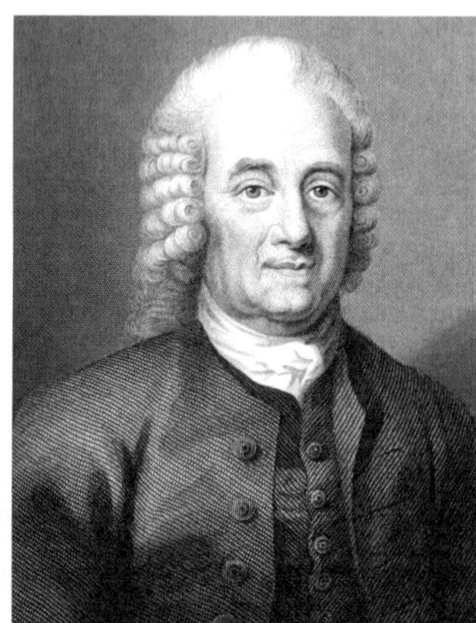

威廉· 霍爾（William Holl）所雕刻的史威登堡像。

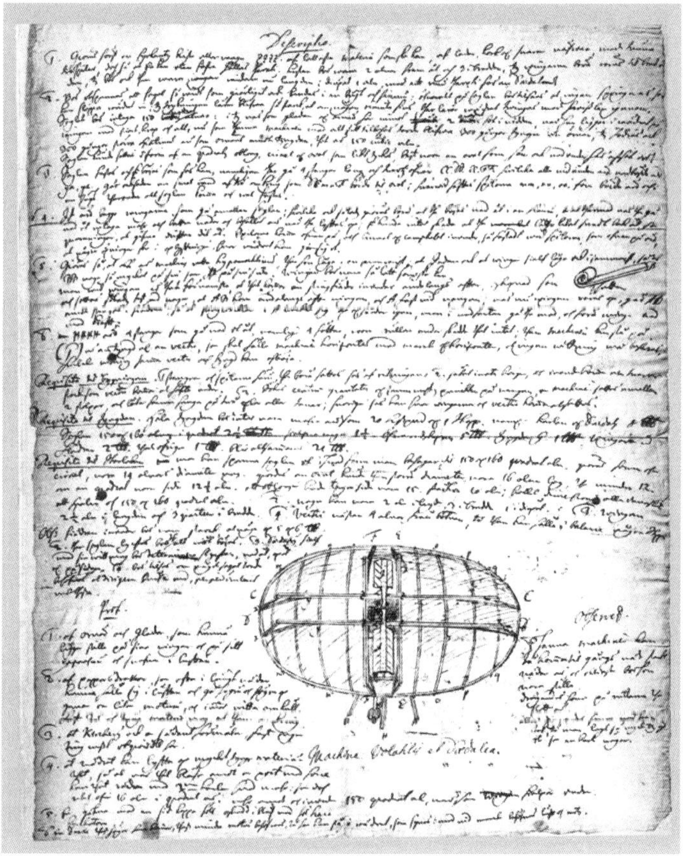

飛行器，1714 年史威登堡在筆記本上所繪製的草圖。

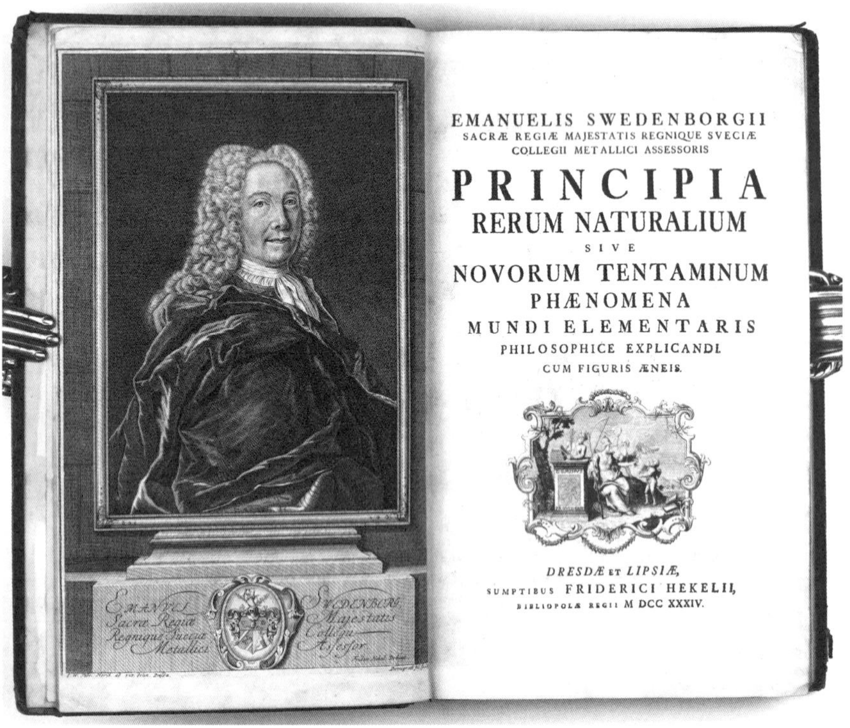

《哲學與礦物學》，第一至第三卷，扉頁及書名頁。弗里德里希・赫克爾（Friedrich Heckel）出版，1734 年。

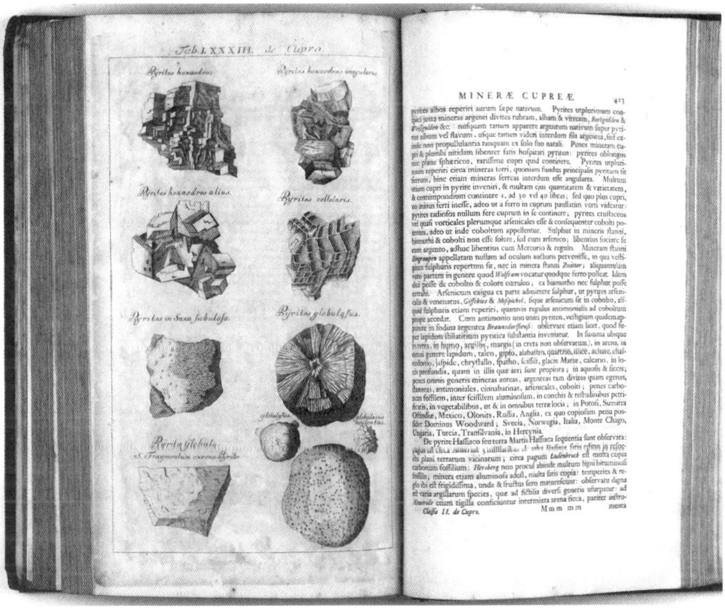

《哲學與礦物學》，第一至第三卷。弗里德里希·赫克爾（Friedrich Heckel）出版，1734 年。

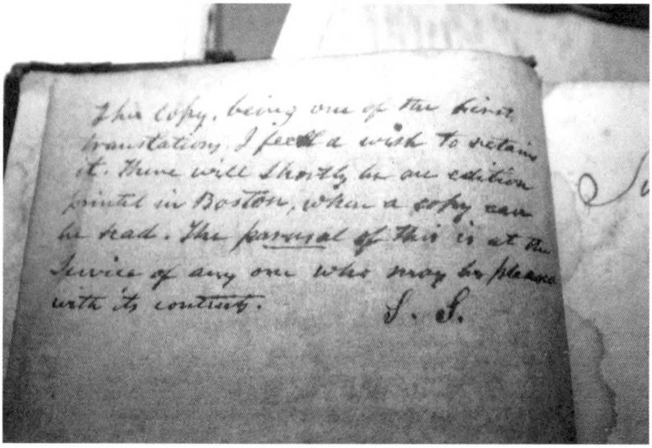

This copy, being one of the first translation, I feel a wish to retain it. There will shortly be an edition printed in Boston, when a copy can be had. The perusal of this is at the service of any one who may be pleased with its contents. S. S.

《天堂與地獄》，1812 年神秘主義書籍第一版。

pulse. not from rules.
When he had so spoken: I beheld the Angel who stretched out his arms embracing the flame of fire & he was consumed and arose as Elijah.
Note. This Angel, who is now become a Devil, is my particular friend: we often read the Bible together in its infernal or diabolical sense which the world shall have if they behave well.
I have also: The Bible of Hell: which the world shall have whether they will or no.
One Law for the Lion & Ox is Oppression

《天堂與地獄》婚姻副本 C，第 24 版，皮爾龐特摩根圖書館。

1790
As a new heaven is begun, and it is now thirty-three years since its advent: the Eternal Hell revives. And lo! Swedenborg is the Angel sitting at the tomb; his writings are the linen clothes folded up. Now is the dominion of Edom, & the return of Adam into Paradise; see Isaiah XXXIV & XXXV Chap:
Without Contraries is no progression. Attraction and Repulsion, Reason and Energy, Love and Hate, are necessary to Human existence.
From these contraries spring what the religious call Good & Evil. Good is the passive that obeys Reason. Evil is the active springing from Energy.
Good is Heaven. Evil is Hell.

《天堂與地獄》婚姻副本 F，圖版 3，皮爾龐特摩根圖書館。

I have always found that Angels have the vanity to speak of themselves as the only wise; this they do with a confident insolence sprouting from systematic reasoning:
Thus Swedenborg boasts that what he writes is new; tho' it is only the Contents or Index of already publish'd books
A man carried a monkey about for a shew, & because he was a little wiser than the monkey, grew vain, and conceiv'd himself as much wiser than seven men. It is so with Swedenborg: he shews the folly of churches & exposes hypocrites, till he imagines that all are religious. & himself the single one

《天堂與地獄》婚姻副本 C，第 21 版，皮爾龐特摩根圖書館（Pierpont Morgan Library）。

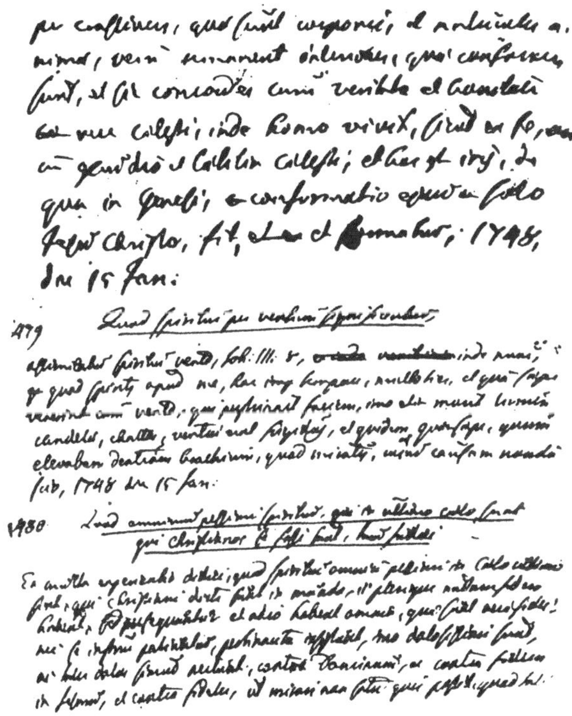

《通靈日記》手稿，第 215 頁。

伊曼紐・史威登堡的簽名。

Arcana Cœlestia

QUÆ IN

SCRIPTURA SACRA,

SEU

VERBO DOMINI

SUNT, DETECTA:

Hic Primum quæ in

G E N E S I.

Una cum Mirabilibus

Quæ visa sunt

In Mundo Spirituum, & in Cœlo Angelorum.

PARS PRIMA.

MDCCXLIX.

《天國的奧秘》第一版（1749 年）扉頁。

國際的推崇與影響

康德在回覆給友人的一封信中，將史威登堡描述為一位「通情達理、愉快而坦誠的人和學者」。

海倫．凱勒說：「如果我能夠把史威登堡帶到一個精神上失聰和失明的世界，那將是我的一大樂事。」她進一步指出，閱讀史威登堡和理解他的話「一直是我克服局限性最強而有力的激勵」。

日本哲學家鈴木大拙曾稱史威登堡為「北方佛」。

愛默生稱他為「一個偉大的靈魂」。

柯南．道爾（Sir Arthur Conan Doyle）在他的著作《招魂術史》中說：

「史威登堡在某些方面與我們的靈性理念是相衝突的，

因為人們習慣說，偉大的智慧阻礙了個人的精神體驗。……然而，史威登堡的思想，其實與人類能夠獲得的各種精確知識已然交織在一起。」

史威登堡和他的精神哲學在巴爾札克一八三五年的小說《塞拉菲塔》中得到了突出的展現。

交響金屬樂團 Therion，於二〇〇四年專輯《Lemuria》的歌曲〈史威登堡之夢〉中，講述了從史威登堡所獲得的啟示。

史威登堡的書《天堂與地獄》是電影《謎屋闇語》（*Things Heard & Seen*）情節的主要貢獻者，該部電影於二〇二一年在 Netflix 首映。

瑞典劇作家奧古斯特・斯特林堡（August Strindberg，一八四九至一九一二）於一八九六年首次發現了史威登堡：

「我在一排藍色裝訂的巴爾札克小說前停了下來，偶然地拿起了他的《塞拉菲塔》……等我回到家，打開了這本書，便如飢似渴地閱讀了這部非凡著作的內容。……在我和史威登堡的祖國，他被視為江湖騙子，是個想像力扭曲、淫蕩的瘋子，我從來沒有讀過他寫的任何一個字，但現在，我對這位上世紀天使般的巨人充滿了欽佩，他被最深刻的法國天才在這裡詮釋著……就這樣，史威登堡進入了我的生活，並在其中發揮了巨大作用。」

保羅．維托斯（Paul Vitols，英國作家）在評論《天堂與地獄》一書時，說：

「就我個人而言，我毫不懷疑史威登堡所描述的是真實經驗。我相信他確實遊歷了靈界，並與許多靈魂和天使有過交往。他所記錄的內容，具有一致性和深刻性。史威登堡的書非常值得一讀。至少，它會挑戰你的精神信念與假設，在我看來，這本質上是健康的，無論你對來世的信念是什麼，你為什麼要持有它們？這個基礎有多強？在這裡，我們有一個正直的人，一個科學人，清楚地告訴我們，他自己數百次，甚至數千次，與靈性世界交流的經歷，在那裡他與天使以及所認識之人的靈魂進行了很多對話。他看到了浩瀚的諸天，也看到了同樣浩瀚黑暗的地獄，景象一致且詳細，很難被忽視……。」

中文版編輯序

身為哲學家、神學家、遠見者、科學家和政治家，史威登堡被讚譽為人類史上最偉大的天才，更是「西歐歷史上最偉大、最不可思議的人物」。

這位十八世紀瑞典神秘主義者，被視為與柏拉圖、蒙田、莎士比亞、歌德等世界級代表人物等同，其富有遠見的著作更深深地影響了榮格、佛洛伊德、謝林、康德、巴爾札克、愛默生、布萊克、斯特林堡、海倫·凱勒、雨果、叔本華、托爾斯泰、惠特曼、班傑明·富蘭克林、林肯、魯道夫·史代納、卡內基等等歷史名人。

一切從一七四三年起始，伊曼紐·史威登堡（Emanuel Swedenborg，一六八八至一七七二）開始經驗的奇特夢境和異象，期間上帝向他彰顯了自己，也遊歷了天堂與地獄，從此他的一生產生了戲劇性的改變。他開始把全部的創作精力投入到探討靈魂本質的領域中。他研究了身體與靈魂之間的關係，試圖發現人類個性中精神存在的本質。

史威登堡認為他對神靈的探討，揭示了幾個世紀來被混淆的真正基督教教義。然而，他未曾將自己的著作稱為神學，因為他認為它是基於實際經驗，而不是神學。他也不希望將其與哲學相提並論，甚至在一七四八年放棄了哲學，因為他聲稱，哲學「使心靈黑暗，使我們盲目，並完全拒絕信仰」。

史威登堡的神學基礎是在一七四九年至一七五六年間出版的八卷拉丁文《天國的奧秘》中奠定的。

在這部著作中，他解釋了《聖經》中的〈創世紀〉和〈出埃及記〉的內在靈性意義。其中最重要的是，他確信《聖經》描述了一個人從物質到靈性的轉變，他將之稱為重生或再生。在這部作品的起始部分，他概述了創造神話並不是描述地球的創造，而是對人類重生或再生的描述。另外，《聖經》中與人類有關的一切描述，也可能與耶穌基督有關，以及基督如何通過美化人類的存在，使之神聖，進而從唯物主義的界限中解放出來。

史威登堡的生活和思想的高度、廣度和深度，涵蓋了人類生活盡可能廣泛的範圍，從內心的神秘體驗到有用的日常生活。從他的思想與著作中，我們可以找到靈感，透過培養更高的意識、整體生活和理性直覺的知識，更好地發揮上天所賦予的潛能。同時，他的神學思想提醒著我們，有責任過著有用的生活，且要做實際的事情來滿足你所愛之人的需要，並努力在地球上共同創造美好的生活。

是什麼樣的信仰與靈異經驗，讓一位與牛頓齊名的科學家轉向了靈性世界？

是什麼哲思與超常體驗，讓愛默生稱他為「一個偉大的靈魂」、海倫·凱勒說「一直是我克服局限性最強而有力的激盪」、日本哲學家鈴木大拙稱他為「北方佛」？

一切都將在本書中揭開答案。

本書由柿子文化編輯團隊精心編輯擷取威廉·懷特（William White）所著的《伊曼紐·史威登堡的一生》（*Life of Emanuel Swedenborg*），以及班傑明·伍斯特（Benjamin Worcester）所著的《伊曼紐·史威登堡的一生與使命》（*The Life and Mission of Emanuel Swedenborg*）兩書所滴萃的精彩內容編撰而成，全面勾勒出伊曼紐·史威登堡從科學家轉變為通靈家的精彩過程，以及生活逸事、靈異經歷、重要著作、靈異世界觀，到晚年受宗教評議會抨擊的經過，最後安詳去世的生活點滴，這是目前介紹這位偉大的人物——伊曼紐·史威登堡最精彩詳實、同時也是不可多得的中文傳記，我們希望當你翻開書時，能獲得這一份來自靈性的珍貴祝福！

目次

Part 2

史威登堡的逸事與靈異經歷

Part 3

史威登堡的重要著作與靈異世界觀

Part 4

史威登堡的晚年生活

Part 1

史威登堡的早年生活與開通靈眼

| 第 1 章 |

史威登堡的出生與求學

伊曼紐．史威登堡生長在一個充滿懷疑的時代。他過著高潔的生活，傳授著真理，卻未得到相稱的賞識和名聲，追隨者甚少。

在過去，他的名字常被用來諷刺一切幻想，以及人類智慧所不及、但近年來逐漸受到重視的事物。在各地，陸續有顯赫之士提出堅定的言論來表彰和讚賞他。他的著作逐漸受到矚目，儘管追隨者不多，但他們都默默地獻出誠摯與熱情，於是史威登堡的名字不時出現在報紙或期刊上，備受尊重與崇敬。

一六八八年一月二十九日，伊曼紐．史威登堡出生於斯德哥爾摩。他的父親是賈斯伯．史威登堡（Jesper Swedberg），母親是莎拉．貝姆（Sarah Behm），兩人都出身於瑞典的名門望族。

在伊曼紐出生時，父親賈斯伯是一個騎兵團的牧師。賈斯伯經歷了幾個職位，其中一個是烏普薩拉大學（Uppsala

University）的神學教授，之後於一七一九年被拔擢為西約特蘭（West Gothland）的斯卡拉（Skara）主教，在瑞典享有崇高的聲譽。

在談到兒子的職業時，賈斯伯明智地表示：「我讓兒子們追隨上帝賜予的愛好和喜歡的職業。我沒有培養他們從事神職工作，儘管許多父母都這麼做，但是這種做法在思慮上並不周詳，也沒什麼道理，而且使得基督教教會和神職秩序受到不少損害，也被輕蔑。」

在伊曼紐出生四十年之後，他的父親在日記中寫道：「伊曼紐，我兒的名字，意味著『上帝與我們同在』，這個名字時刻提醒他上帝就在身旁，也提醒他，要透過信仰，藉著內在、神聖和神秘的聯繫，我們就能與良善仁慈的上帝同在。讚美主之名！上帝一直與他同在。願上帝繼續與他同在，直到他永遠與上帝在祂的國度中結合。」

關於童年紀錄，史威登堡在晚年寫給拜爾（Beyer）博士的一封信裡曾提到：

> 關於我生命中的早期時光：我在四歲到十歲的時候，不斷思考著關於上帝、救贖以及人類精神情感的主題。我經常在言談中透露一些令父母感到驚訝的事情，他們有時甚至會說，一定是天使透過我的口來說話。在我六歲到十二歲的時候，我最

大的樂趣就是與神職人員談論信仰。我經常對他們說，慈悲，也就是愛，是信仰的生命。這種有生命的愛正是愛自己的鄰人，上帝把這種信仰賜予每個人，但只有實踐慈愛的人才會接受它。

那時候，我對信仰或信念沒有其他的了解，只知道上帝是自然的創造者和保護者，祂賜給人類理解和善意，以及其他源自於這兩者的禮物。『天父將其子的義或功勞歸算給任何人，不論何時何地，只要他願意就能夠，即使是不知悔改的頑劣之徒』；但當時，我對這種系統性或教條性的信仰一無所知。就算那時我聽說過這樣的信仰，它對我來說是完全無法理解的，即便到現在仍是如此。

這份自白非常生動地描述了這位人物。我們看到，他那切實且理性的思維，如何認真地去理解和堅守神學中實際與重要的部分。他在「因信稱義」（譯註：即一個人可以透過對耶穌基督的信仰和信心，來獲得救贖和稱義）方面的經歷，從許多卓越人物的生活和經驗中都能找到相似之處。史威登堡相當執著於尋求真理，而且不受任何權勢的影響，無論那權勢有多麼威嚴。

伊曼紐·史威登堡接受了當時瑞典所能提供的最佳教育，在二十二歲那年獲得烏普薩拉大學的哲學博士學位，並在後來將學位論文出版。這篇論文包含了賽內卡（Seneca）、帕布琉斯・賽洛斯・米穆斯（Publius Syrus Mimus）和其他拉丁作家的名言佳句，他用自己的評論使之增色，又加上註釋來說明拉丁文本中的模糊之處。這篇作品受到高度讚譽，甚至有人用希臘文題了一首頌詩來獻給史威登堡。而他在一篇充滿崇敬和愛的序言中，將第一部文學作品獻給父親。

同年，他在父親的一部作品中發表了拉丁文版本的《傳道書》第十二章，這證明他對拉丁文非常精通。

一七一〇年，史威登堡結束了校園生活。他在青年時期表現出的不是早熟，而是思想的穩健和規律發展。他在這個時期的生活紀錄，證明了他對生活及其中的責任有著切實的理解，真誠地愛好美德，並渴望在他的時代和世代中有所作為。後來也證明了，他並未辜負自己的一生。

第 2 章

旅行、寫作與愛情

史威登堡在完成大學教育之後，開始旅行，並在日記中簡要描述了離開瑞典四年的經歷。

我在一七一〇年啟程前往哥特堡，然後搭船前往倫敦。在航程中，我的生命四度受到威脅。

首先是在暴風雨中被推向淺水處，直到我們距離洶湧的怒濤不到〇．四公里處，我們都以為自己必死無疑。然後，我們差點被打著法國旗幟的丹麥海盜攻擊。隔天晚上，一艘英國船誤以為我們是同一批海盜，向我們開火，幸好沒造成太大的損害。

最後，在倫敦，我遭遇到更嚴重的危險。當我們駛入港口時，有一些同胞來到我們的船上，說服我和他們一起進城。

當時，倫敦官員知道瑞典爆發了一場流行病，因此所有從瑞典抵達的人都被禁止離開船上六週或四十天。

我違反了這條法律，差一點被判絞刑，但幸好獲得了有條件的釋放。如果我企圖再次違反這條法律，一定會被送上絞刑台。

我在倫敦和牛津逗留了一年左右，然後前往荷蘭參觀其主要城市。我在烏特勒支（Utrecht）停留了很長一段時間，當時正值國會會期，幾乎所有歐洲宮廷的使節都聚集在那裡。之後我前往法國，經由布魯塞爾和瓦朗謝納（Valenciennes）到達巴黎，我在這裡和凡爾賽宮度過了一年。接著，我搭乘公共馬車匆忙前往漢堡，然後轉到波美拉尼亞（Pomerania）和格來斯瓦德（Greifswalde），並在那裡停留了一段時間，當時瑞典國王卡爾十二世（Charles the Twelfth）正從賓傑里（Bender）來到斯特拉爾松（Stralsund，編註：在今德國境內）。

當圍城開始時，我和一位名叫菲芙（Feif）的女士一起搭乘一艘小船離開，感謝神的眷顧，在離鄉四年多之後，我終於重返祖國。

史威登堡在旅途中並未閒下來。一七一五年，他在格來斯瓦德發表了一篇關於卡爾十二世從土耳其返國的演說，以及一本小型的拉丁散文寓言集。回到瑞典之後，他在斯卡拉出版了一本小詩集，其中大部分是在旅途中寫的。這些作品曾經多次重新出版，但作為詩歌，它們沒有得到太高的評價。威爾金森（Wilkinson）在他所寫的《史威登堡傳》中評論說：「這些詩展現了想像力，卻是受到控制的想像力。由於拉丁詩讓人聯想到教宗學派，如果我們要向英文讀者傳達一個關於拉丁詩的概念，通常會有一個主題或道德在牽引著詩人的遐想。」的確，史威登堡在詩詞上只稍具才華，是件幸運的事情。

成為編輯並參與礦業評鑑

史威登堡本身是主教的兒子，與瑞典的權貴家族有所來往。他的一位姊妹嫁給了後來成為烏普薩拉大主教的艾力克．班澤里烏斯（Eric Benzelius），另一位嫁給了省長拉爾斯．班澤斯提爾納（Lars Benzelstierna），家族的其他成員也在國內擔任高官與要職。具有如此背景的年輕人，應該不難找到一條適合他所有興趣的終身發展道路。

在歐洲大陸旅行期間，他寫信給艾力克．班澤里烏斯，詳細描述了他在數學、天文和機械等領域所觀察到的一切新奇事物，還將他認為可能對祖國有用的發明之模型都送回國。這些信件和付出為他贏得了大量的關注，當他返回瑞典時，接受了新期刊《北方的代達洛斯》的編輯工作（編註：代達洛斯是希臘神話中的建築師和工匠）。

這本期刊的撰稿人中有知名的數學家克里斯多福・普爾海姆（Christopher Polhammar，後姓氏改為普爾罕〔Polheim〕），他被稱為「瑞典的阿基米德」。似乎是因為與普爾海姆的這層關係，使得史威登堡被任命為皇家礦務局的評鑑委員，擔任此職務並享譽多年。

一七一六年，普爾海姆邀請他一同前往隆德（Lund），拜訪剛從斯特拉爾松逃亡出來的卡爾十二世。他受到國王卡爾十二世的盛情款待，並且被任命為正式的評鑑委員。他要協助普爾海姆在皇家礦務局取得一個席位，同時提供一些建議，尤其是在處理任何與數學有關的業務時。

婚約與失戀

卡爾十二世似乎馬上看出了史威登堡的卓越才華，希望在史威登堡和他所偏愛的普爾海姆之間建立起更密切的關係，便建議普爾海姆把女兒嫁給他。史威登堡似乎不反對這個提議，他與普爾海姆一起生活，既是他的助手，又是他的數學學生，經常有機會見到普爾海姆的次女——美麗的艾瑪蘭堤雅（Emerentia），並傾心於她的風采。

史威登堡在一封信裡提到：「普爾海姆的長女已經許配給國王的某個侍衛，我很好奇人們對於我這件事的看法如何。在我看來，他的次女更端莊美麗。」然而，這份感情並不是相互的，艾瑪蘭堤雅不願意將終身託付給他。她的父親非常疼愛史威登堡，曾經擬製了一份同意書，承諾將來要把女兒嫁給他。艾瑪蘭堤雅出於孝順而簽署了這份文件，但是，就像一般被迫去愛的女子，她開始嘆息和憂傷。她的兄弟憐憫她的憂傷，於是從史威登堡那裡把這份同意書偷走。

史威登堡很快就發現這份文件不見了，因為他時常拿出來看。文件不見一事讓史威登堡很傷心，於是懇求普爾海姆用新的文件取而代之。後來，史威登堡發現了他為所愛的人帶來的痛苦，便立刻放棄對她的所有要求，並離開她父親的家。

這是他第一次，也是最後一次嘗試追求婚姻。多年之後，在被戲言問及是否曾經渴望結婚時，他回答：「我在年輕時曾有過婚約。」在被問到是遇上了什麼樣的阻礙時，他的回答正如其個性那般坦率：「她不願意嫁給我。」

考慮到他最終過著勤奮好學和脫離現實的生活，我們不必為他沒結過婚而感到遺憾。而從他的著作中可以得知，他絕不是尖刻的性別鄙視者，而且他的生活與他所寫的書是一致的。他的作品中有關於女性優雅和美麗的動人描述，大部分都表現在他的著作《婚姻之愛》中。

史威登堡去世後不久，瑞典皇家科學院的同僚山繆・桑度斯（Samne. Sandels）為他寫了一篇莊嚴的悼詞並提到，史威登堡一生從未結過婚，並不是由於對異性冷淡，而是由於寧靜的單身生活更方便他進行深度的研究。他認為，與聰明美麗的女性相處是最愉快的事情之一。

與卡爾十二世的交情

史威登堡似乎與卡爾十二世往來得很密切，他在一封信裡說道：「我發現陛下對我很寬容，比我預期的還要好。這對未來是一個好兆頭。每天我都向陛下呈上一些數學題材，而陛下容許一切能取悅他的東西。當日食發生時，我請陛下到戶外觀看，我們對此事進行了許多推論。他再次提到我的《代達洛斯》，並問我為什麼不繼續寫下去，我的理由是缺乏財務支持。這是他不樂意聽到的，所以我希望不久後能得到一些資助。」但是資助並未到來，所以《代達洛斯》像許多書一樣並未繼續完成。

有一天在談到數學時，卡爾十二世說道：「不懂數學的人不值得被視為明理的人。」史威登堡認為這是「真正值得一位國王抱持的」情操。

當時，卡爾十二世正在圍攻弗雷德里克雪爾（Frederickshall，譯註：在今挪威境內），並請求史威登堡的協助。他非常巧妙地設計了滾動機器，把兩艘槳帆船、五艘大船和一艘單桅帆船，從斯特倫斯塔特（Stromstadt）經陸地運輸到伊德爾菲奧（Iderfjol），這段路程長達二十二公里。在這些船隻的掩護下，卡爾十二世得以將重型火砲運送到弗雷德里克雪爾的城牆下。但這麼做無濟於事，因為在一七一八年十一月三十日（儒略曆，編註：作者所在的英國直到一七五二年才改用現今的格里曆），這位頑強的戰士在圍城之戰遭到致命一擊，結束了他動盪與精彩的一生。他的頭部被一顆大砲彈擊中時，右手仍緊握劍柄，想必是非常迅速地使自己處於防禦姿勢。

史威登堡家族於一七一九年被瑞典女王烏麗卡·埃莉諾拉（Ulrica Eleonora）封為貴族，從那時起，史威登堡便與騎士階級的貴族一起參加三年一次的國會會議。這項榮譽除了名字之外，沒有其他改變，許多人誤以為他是伯爵或男爵，但他並未被授予爵位。

成為科學作家

伊曼紐·史威登堡迅速贏得了美名：深思熟慮的思維者和能言善道的作家。一七一七年，他以「規則的藝術」為主題，出版了《代數》，該書因文字清晰明瞭、範例條理分明和具說服力，受到高度讚譽。然而，此作品僅出版了第一卷，至於包含在瑞典首次介紹的微積分和積分計算的第二卷，仍然以手稿形式存在。他在這一年的第二部出版品是《透過觀測月球來找出地點的經度》；這兩部作品都是用瑞典文寫成的。

他的創作力日益豐富，並在一七一九年推出四部作品，分別是《提議十進位制的貨幣和度量制度》、《論地球與行星的運動和位置》、《源自瑞典的地貌和海洋深度的證據——古代世界潮汐更強》、《關於碼頭、水閘和鹽場》。

那本關於十進位制貨幣和度量制度的論著於一七九五年再版。史威登堡在這個主題及其他大多數主題上的觀點，遙遙領先所處的時代。他在一封信裡提到因此遭受的挫折：「令我有些喪氣的是，有人建議我放棄自己的觀點，因為這個國家無法接受這些新觀念。就我個人而言，我渴望所有可能的新觀念。一年當中的每一天都要有一個新觀念，因為在每個時代裡，大多數人都按照既有的路線前進，並保持舊有的方式。而每一百年可能只有六到十個人能夠基於論據和理性，提出改革與創新。」

| 第 3 章 |

早年的科學專業

史威登堡於一七二一年春天再度造訪荷蘭，並選擇阿姆斯特丹作為五本小作品的出版地：《自然哲學原理的一些樣本，包括透過幾何學來解釋化學和物理現象的新嘗試》、《關於鐵和火的新觀察及發現，特別是有關火的元素性質以及新型爐子的建構》、《新方法：在陸地或海上，透過觀測月球找出某地的經度》、《建構碼頭與海堤的新機械計畫》、《應用機械原理，找出船體動力的模式》。

這些手冊的標題證明了作者並非泛泛之輩。然而，發表這些作品並不是他造訪歐陸的唯一目的。他的目標是提高自己對礦業的實際知識，以便更適切地履行評鑑職責。為此，他離開阿姆斯特丹前往萊比錫，途中經過亞琛、列日和科隆，參觀一路上的各個礦井和冶煉廠。

鑽研礦業與礦物科學

一七二二年，他在萊比錫出版了有關物理科學的《形形色色的觀察》，分為一到三卷。同年，他在漢堡出版了第四卷，主要是關於各種礦物、鐵和鮑曼洞穴（Beaumann's cavern）中的鐘乳石。當時擔任布倫瑞克公爵（Puke of Brunswick）的路易斯·魯道夫（Louis Rudolph），熱情地接待史威登堡，支付他的旅行費用，並在他離開時贈送金質紀念章和沉甸甸的銀酒杯，來表示對這位年輕學者的讚賞。而史威登堡則將他撰寫的《形形色色的觀察》第四卷獻給了公爵，作為回報。

將這些作品翻譯成英文的斯圖特（Strutt）先生說：「這項了不起的嘗試，揭露了之前未被人們看見的事情，而在一個更適合應用這個理論的時代，它已被道爾頓（Dalton）假說的成功所證實。同樣值得注意的是，固體、酸和鹼的定義，已逐漸接近史威登堡的理論所得出的結果。」此外，法國化學家杜馬斯（M. Dumas）將結晶學的現代科學起源，歸因於史威登堡的這些作品。他說：「我們要感謝他首次提出『藉著球形粒子的結聚來創造立方體、四面體、金字塔和不同的晶體形狀』的觀點，這個觀點已經被幾位卓越的人士重申，特別是沃拉斯頓（Wollaston）。」

關注貨幣，拒絕純數學

在離開家鄉斯德哥爾摩長達十五個月之後，史威登堡於一七二二年仲夏回到家鄉。

現在，他將首次全面履行評鑑職責。事情之所以延宕，是因為直到那時，他的冶金知識才變得足夠充實和廣博。

就在那時，他匿名出版了一本小冊子《關於瑞典貨幣的貶值與升值》。貨幣似乎一直是史威登堡偏愛的主題，而且他在參議員任期內，對此主題投入了大量關注。這本小冊子似乎備受重視，因為它於一七七一年在烏普薩拉重新出版。在這類作品中，很少有在初版四十九年之後重見天日的。

之後的十一年裡，史威登堡的生活似乎在正常履行職務的規律中平靜度過。

他的才能得到了國人高度評價，因為烏普薩拉大學在一七二四年邀請他擔任數學教授，但他拒絕了此項榮譽。他似乎對純數學家那種不切實際和純粹理論性質的工作方式感到厭惡。

他在寫給姊夫的信中曾提到：「我懷疑數學家都失去了你用來實現設計精妙天文觀測台的所有熱心與精神，一直停留在理論層面，這是數學家的宿命。我常常在想，如果每十名數學家就有一名優秀的實踐家帶領他們走向實際應用，那會是一件極好的事情。他將會比這十名數學家更有用、更傑出。」

一七二九年，史威登堡成了斯德哥爾摩皇家科學院的成員。

開始關注哲學

史威登堡不再出版小冊子，而是把心思集中在一部更大、更費勁的作品上，這部作品叫做《哲學與礦物學》。為了確保這本書能順利出版，他在一七三二年五月三度出國。他在德國待了五個月，檢視了一切應該注意的事物，然後於十月開始在萊比錫印刷這部作品。

一七三四年，這部作品最終印製成三冊精美的對開本，內附許多銅版圖，以及一張作者的雕版肖像。此時，他再次造訪布倫瑞克公爵的宮廷，公爵慷慨地支付昂貴的出版費用，使得這幾冊作品得以在萊比錫和德勒斯登（Dresden）出版。

與此同時，他也出版了一本小作品：《對於無限性、創造的最終原因，以及靈魂與身體間互動機制的哲學論證》，可以視為前述作品的補充。

上述工作完成之後，史威登堡離開萊比錫前往卡塞爾（Cassel），經過戈達、布萊梅和漢堡回國，於一七三四年七月抵達斯德哥爾摩。值得注意的是，在這次旅行中，他仍然將自己的職務放在心上。他到處參觀礦井，研究它們的運作方式，不斷努力使自己對國家有所貢獻。

第 4 章

父親過世後的旅行

從一七三四年到一七三六年，史威登堡一直待在家裡。他的父親在一七三五年七月過世，根據史威登堡在日記中的描述，他在一年後出國，「預計旅居三到四年，來寫作和出版一本書」。他不在國內的這段期間，把一半的薪水讓給了職務代理人。由於父親留給他一筆錢，他有能力這麼做。

他在旅途中經過丹麥、漢諾威和荷蘭，抵達鹿特丹時正好遇到市集。他觀察到人們的娛樂活動、江湖騙子、表演等，便對荷蘭人的性格和繁榮進行了評論。

在鹿特丹，我想問，為什麼上帝要賜福給一個這麼野蠻和粗野的民族？……經過深思之後，這些情況的首要和主要原因似乎是，荷蘭是一個共和國，這種政府形式比絕對君主制更討上帝的喜愛。

在共和國裡，沒有人崇拜或禮拜任何人，人們不分高低貴賤，大家都視自己與國王和皇帝平等，這可以從每個荷蘭人特有的態度看出來。他們唯一崇拜的是上帝，只有當上帝受到崇拜，而不是取代上帝的人類被崇拜時，才最受上帝的認可。

再者，人類在荷蘭享有最大的自由，那裡沒有奴隸，所有人在至高的上帝管理下都被視為主人。結果是，他們不會因羞恥或害怕而壓抑自己的男子氣概，而是始終保持堅定與健全的心靈，以及健康的身體；他們以自由的精神和挺拔的態度，將自己和自己的財產託付給統治萬物的上帝。

在君主專制的國家便不是如此，人們被教育成虛偽和掩飾之人，他們學會了口是心非，他們的想法已變得虛偽不實且積習難改，以至於在神聖的禮拜中，嘴裡的話與心裡的想法不同；他們在上帝面前呈上奉承和欺騙，這必然是最令上帝不悅的。這似乎是荷蘭人比其他國家在事業上更昌盛的原因。

腐敗的神職人員

在旅程中，羅馬天主教教會引起了史威登堡極大的關注，他強烈指出神職人員的粗鄙與好感官之慾。他說：「在魯瓦（Rove）的修道士又胖又肥，驅逐這樣的一大群人，對國家根本不會構成損失。他們滿足自己的口腹之慾，盡可能地收取，只給窮人美言和祝福，卻很樂意平白取得窮人的所有財產。這對赤腳的方濟會修道士有何益處呢？」

他在巴黎待了一年半的時間，也對當地神職人員的放縱和腐敗感到驚訝。他觀察到：「他們稱之為 dixièmes 的稅收，每年收益三千兩百萬英鎊，巴黎人將其中的三分之二花在自己的城市上。全國五分之一的財產掌握在神職人員手中。倘若長此以往，帝國將迅速崩潰。」他做夢也想不到，這些話將得到證實。

從他在巴黎的日記可以看出，他能夠盡情享受那裡的觀光和娛樂。參觀教堂、修道院、宮殿、花園、博物館和劇院，這些都顯示出他的生活品味，以及他對觀察人們及其活動的興趣。

在他的一生裡，他從來不是個冷淡且自以為是的苦行修道者，以苦澀和控訴的目光看著世人。他也不曾指責命運讓他生長在一個邪惡的世界和世代，以此來侮辱造物主。他懷著感激之情迎接生活，節制地享受一切合法的樂趣，克盡職責，同時在與世界交流時，保持自己不被其邪惡所污染。這種社交原則是一種極好的方法，使他能夠充分履行未來使命。

從他的手稿來看，他當時應該是在為一部偉大的作品《動物王國》準備題材和整理思緒。為此，他寫了一些有關各種生理學主題的短文，其中許多論文已經被翻譯和出版，並以「遺作」為標題。

前往羅馬

一七三八年三月，史威登堡離開巴黎，前往義大利，參觀其主要城市，並在九月二十五日抵達羅馬。理奇（Rich）先生在所寫的《史威登堡傳》中提到：「這次的造訪應該是令人難忘的，因為它將過去和未來的教會，以奇特的方式聯繫在一起。羅馬，在秋季寧靜的氣氛和微弱的光線中，擁有悠久的傳統與一切異教藝術的戰利品。而史威登堡是未來時代的先知，他的雙眼正燃燒著啟發的光芒。」

史威登堡在羅馬停留了五個月，於一七三九年二月十五日離開，並且改變了回國的路線。自一七三九年三月十七日起，他的日記裡是一片空白，當時他在熱那亞。

一七四〇年到一七四一年之間，史威登堡在阿姆斯特丹出版了《動物王國經濟學》；而一七四四年到一七四五年之間，他在海牙出版了《動物王國》的第一卷和第二卷，第三卷則在倫敦出版。

第 5 章

透過身體，認識靈魂

在《動物王國》中，史威登堡的討論僅涉及人體，因為人體被視為微觀宇宙，或是所有低等系統的代表。在《動物王國經濟學》中，他討論了血液及容納血液的器官、大腦運動與肺部呼吸的一致性，以及人的靈魂。這部作品所使用的方法令人讚賞，每個章節前都附有一系列精心摘錄自頂尖解剖學家的內容，然後作者從中演繹出他的理論。

值得注意的是，他對大腦運動與肺部呼吸的一致性論證，而威爾金森在他的《史威登堡傳》中談到這一點。

對呼吸與思緒驚人的觀察

「讓讀者思考一下，當自己呼吸並留意這個行為時的經驗。他會發現，那時他的整個身體都在起伏，臉部、胸部、胃和四肢都會受到呼吸的驅動。他會感覺到，不僅是他的肺在呼吸，他的整個身體也在呼吸。現在，讓我們看看史威登堡從這個事實裡獲得了什麼。如果整個人都在呼吸或起伏，那麼他包含的器官也是如此，因為它們必然隨著表面的升起而被抬升。因此，它們都在呼吸。它們吸入什麼？它們內部無所不在的元素有兩種——血管和神經；一個提供養分，另一個則是提供生命。」

「每個器官都在吸取血液和生命，或神經能量。每個器官都根據自身的構成來吸取，都像擁有完全自我的人那樣具有自由個體性；每個器官都在需要時從血液中吸取養分，都根據自己的需要將生命導入其內部。一個人是由人類的各部分組成的，他的自由是由一大群原子組成的有機自由。並不是由心臟將所有器官灌滿血液，而是像人本身一樣，每個器官都根據自己的判斷，取得它認為合適的東西。」

「此外，思維始於呼吸，亦與之呼應。讀者可能早已留意到身體的起伏運動，現在請感受一下你的思緒，你會發現思緒也隨著整個身體的運動而起伏。當一個人陷入沉思時，他會深呼吸；當他思考迅速時，呼吸會隨著快速的變化而振動；當憤怒撼動著他的心靈時，呼吸會變得急促；當他的靈魂沉穩平靜時，呼吸也變得平和；當成功讓他洋洋得意時，他的肺部會和他的自滿一樣膨脹。再讓他試試相反的情況：當他試圖進行深度的思考，同時讓呼吸保持急促，他會發現這是不可能的。在這種情況下，不穩定的呼吸會干擾他的思緒。」

「思緒存在於大腦中，因此，大腦也分享呼吸的各種節奏。奇怪的是，大腦或心靈狀態與肺部之間的這種呼應關係，尚未獲得科學界的承認，但這種關係卻是無時無刻都存在於每種情況下。事實上，這種對應關係十分明確，又十分接近感覺的核心，反而使它很難被視為一個客體。如果你嘗試專注於屏氣，在思緒被固定住的情況下，你會立刻停止呼吸，只有當思緒不再能堅持下去時，也就是說，當大腦需要空氣時，才會重新開始呼吸。」

「現在，史威登堡以驚人的觀察力和睿智，對呼吸、思緒或情緒之間的關係，進行了系統性的研究，詳細說明這兩者之間的精確呼應。他還指出，這種呼應關係是人體和靈魂之間一直尋求的聯繫之一，藉著這種聯繫，每一縷思緒在人體的內部都被即時呈現和執行。我們很難找出比『身體完全契合於靈魂』更明白或更恰當的理由，來解釋身體和靈魂之間的聯繫。另一方面，有生命的身體依戀靈魂，因為它需要一個友善的更高階生命，來鼓舞和引導自己的生命。」

對靈魂的探索

《動物王國》係按照《動物王國經濟學》的計畫來寫作，涵蓋了腹部及胸部的器官和皮膚。史威登堡在說明寫作計畫時，宣布要從生理和哲學的角度來檢視整個身體結構的解剖，最後檢視靈魂及其在身體中的狀態。他表示：

從這個摘要或計畫中，讀者可以看出，我在這項工作中的目的是認識靈魂，因為這層知識將構成我研究的巔峰。因此，我的努力都指向此一目標。為了實現這個偉大的目標，我進入這一系列複雜的探索，打算全面思考和深入檢查靈魂所居住的整個微觀世界（人體），因為我認為，在靈魂的國度以外尋找靈魂是徒勞的。因此，我決心不要停歇，直到穿越整個領域，抵達最終目標，或直到穿越整個動物界找到靈魂。因此，我希望藉著不斷地將研究方向往內轉，將能打開所有通往靈魂的門，最終在神的許可下親見靈魂。

他在一份手稿中重申了這項計畫：「我進行解剖學的研究，唯一的目的就是探索靈魂。如果我的付出對解剖學和醫學界有任何用處，我就滿足了；但如果我能為靈魂的研究帶來任何啟發，那會是我更大的滿足。」

儘管努力不懈，但僅憑自然方法去領會如此高深的靈性知識，他必然是失敗的。

數年後，當他的思想變得更加開闊時，便在自己的一本書中說道：「學界裡的諸多學者努力探究靈魂，但由於他們對於靈界和人死後的狀態一無所知，所以只能憑空假設靈魂的本質或其對身體的影響。他們對靈魂本質的理解，不外乎視之為在乙太中最純淨的東西，並且將其所包含之物視為如乙太一般。既然對於靈魂有這種想法，又知道靈魂對身體有作用，並在身體中產生所有與感覺和運動有關的事物，因此，他們努力探討靈魂對身體的作用，有人說產生影響的方式是透過滲透，也有人說是透過調和。但這些方法並未帶來任何發現，無法滿足眼見為憑的根本心理。」

從這幾句話裡，我們可以看出他在這個時期對最高目標付出努力卻徒勞無功的原因。然而，這些努力形成了神職訓練的一部分，正好讓他適應未來的職務。儘管這些作品在其最高目標上沒有結果，但在次要目標方面，卻是想法和啟發的寶庫。

史威登堡以解剖學的枯燥事實為基礎，然後賦予它們生命和美感。他揭示了人體系統中各部分如何相互連結，並為科學冷冰冰的細節注入了溫暖和人情味。

愛默生（Emerson）評論道：「《動物王國》是一本非常優異的書，它的最高目標是把長期疏遠的科學和靈魂重新結合，它用最高層次的詩意來描繪人體解剖學。在這個通常枯燥和令人反感的主題上，沒有什麼能超越這本書大膽而出色的手法。」

源自通靈經歷的陳述

在他準備通靈的進程時，其哲學作品中除了令作品更加燦爛的日益謙遜和敬畏之心外，還有一些源自通靈經歷的直率陳述。

在談論靈魂的《動物王國》中，他表示：

> 改變性情即改變本質或天性；要將良好的性情改變成邪惡的性情相當容易，但將邪惡的性情改變成良好的，則困難的多。這只能透過理性的心靈及其理解來實現，無論這種理解是我們自己的，還是從信仰中獲得，或是被權威所說服。
>
> 天性是不會改變的，除非我們反對或憎惡邪惡，並且絕不讓我們的心靈回到以前不良的狀態；除非每當它溜回去時，我們都能將它從越軌中拉出來，進入與完美的愛一致的狀態；除非我們在這個良好的狀態中停留很長時間，並用武力和暴力對付另一種狀態，同時，透過不斷行善與積德，把自己包裹在相反的新狀態裡，直到它成為第二天性，並且把另一種天性驅逐出去，乃至於每當舊的天性回來時，我們都會感覺到必須抵抗它。唯有如此，我們才能去除邪惡的本質，並且換上良好的本質。但在此世裡，若沒有恩典和神助，這是非常困難的。

這些話像是經驗之談，是歷經長期辛勞才獲得的成功。但這裡所描述的，只是自然心靈或性情的變革，自此之後，自然心靈必須十分折服於良善，好讓靈性心靈懷抱著愛而流入。史威登堡說：

在這方面，除非理智從所啟示的事情中貢獻了什麼，否則等於什麼也沒有貢獻，但是源自於上帝的信念卻能做這項工作。因此，當有人向祂祈求時，祂的靈便流入那人的靈魂並改變其狀態，或使其完美。但這項工作需要長期的紀律，如果靈魂是邪惡的，它有可能變得良善……。

可以明顯看出，將邪惡的靈魂轉變為良善的靈魂有多困難，而這只能靠神的恩典，儘管人仍須堅持不懈地努力。

被遺忘的著作

《動物王國》和《動物王國經濟學》靜悄悄地上市，幾乎從未引起注意，僅在當時的一些目錄和評論中略為提及，之後便在書架上沾滿灰塵，被遺忘了整整一個世紀。

由於其他考量和更重要的任務，史威登堡在中途放棄了計畫，不再推廣他的書，也不再透過生活、交談和活動來維持大眾的關注，使得這兩部作品很快就被世人遺忘。但它們的價值仍使其被保留了下來。

這兩本書由威爾金森翻譯成英文，並由他撰寫了精彩的前言，愛默生形容這些前言「使當時的英國哲學相形失色」。現在這兩本書被呈現在世人眼前，其優異之處足以彰顯出作者深刻的理解力和才華。

一七四五年，史威登堡在倫敦出版了《對上帝的崇拜與敬愛》，為他長期的科學著作系列畫下句點。這本書以故事形式來呈現作者的科學學說，在一個連貫的敘述中，論及地球的起源，亞當的誕生、幼年及其愛情，以及靈魂在其完整狀態下就像是神的形象。雖然這本書有部分是為了發揮想像力而寫，但史威登堡寫作的意圖仍然嚴肅認真。儘管它被史威登堡後來知識的光芒所掩蓋，但仍展現出史威登堡當時的知識發展水準。對於喜歡關注他思想的發展和教育的人來說，這本書總能引起濃厚的興趣。

第 6 章

從科學走向靈性世界

史威登堡的傳記作者可以輕易地將其一生的主要事件，歸納在適當的類別之下，其生涯因此清晰地分為兩個階段，在這個關鍵點，他的過去和未來之間形成了一種他所謂的「離散性」（Discrete degree，譯註：科學研究中用來描述資料的分布特性）。

一七四五年，史威登堡的純科學生涯在五十七歲時畫上句點。正如我們所見，他從年輕時便將「積極實踐」與「深入的哲學思考」融為一體。作為自然界的熱心學者，他從未因沉浸於思考而忘卻了其終極目標——人類的進步和幸福。他長期以來的科學作品令他聲名遠播，他所到之處，經常受到思想深邃且富哲學精神的人們熱烈歡迎，被視為朋友或兄弟。正如之前所說，他在瑞典有良好的人脈，若是他選擇留在故鄉，深入國家的政治與事務，極可能獲得國王賦予的最高職位與榮譽。

一般人在五十七歲的時候，對於史威登堡在這個年紀所獲得的成就、成功和名聲，可能已經知足。人們可能會鬆懈下來，仰賴於過去的成就，滿足於眼前的舒適度和名聲而停滯不前。但史威登堡的性格並非如此，他一點也不喜歡閒下來，要不是後來被命運之手引導去思考靈性世界及其瑰麗的真實性，他在終老之前會一直是個熱切且專注於尋求自然界真理的追求者。

追求真理的精神

謙卑的精神和純粹渴望真理，是真正哲學家的最高美德及可讚譽之事，在這方面，科學史上找不到任何一個人能夠超越史威登堡。儘管有時他會提出一些明顯與當時某些重要的學者相對立的觀點，但我們從未見過他憤怒或試圖強迫世人接受他的看法。他只是簡單地陳述自己認為是真理的事情，並以最優雅、謙遜、樂觀的態度，期望人們從理性和事實的角度來接受它。

他在《自然哲學的數學原理》中，充滿了這種樂觀積極的精神，他表示：

撰寫這本作品時，我的目的不在贏得學界的喝采，也不在搏得名聲或受歡迎。對我來說，有沒有贏得多少好評、有沒有獲得多少讚譽，都不重要。對於一心專注於真理和真正哲學的人來說，這些都不是關注的焦點。因此，如果我獲得了他人的贊同，只會把它當作是我曾追求過真理的證明。

許多有才華的知名作家為世界增添了光彩，我並不希望說服任何人捨棄他們的原理而來採納我的原理。正因為如此，我沒有提及其中的任何一個人，甚至沒有暗示對方的名字，以免傷害他的感情，或好像在質疑他的觀點，或貶低別人對他的讚譽。如果我提倡的原理，比別人所擁護的原理更接近真理，並且與自然現象一致，那麼到時候大家自然會認同我的見解。在這種情況下，要是有些人已經先接受了其他原理並且深受影響，不能夠做出公正的判斷，使我無法贏得他們的認同，那麼，就算現在沒有，未來也會出現能夠明辨是非的人，與我站在同一陣線。

真理是獨一無二的，不證自明。如果有人試圖質疑我的觀點，我並不想反對他；但如果他希望的話，我很樂意詳細說明我的原理和理由。然而，有什麼需要言語嗎？就讓事實自我表白吧。如果我所說的是真實的，為什麼要急著為我所說的真理辯護呢？毫無疑問，真理可以為自己辯護。如果我所說的是虛假的，卻還要去捍衛它，那會是件有辱人格且愚蠢的事情。那麼，我為什麼要把自己變成任何人的敵人，或與任何人對立呢？

同樣的，他在《動物王國經濟學》中說道：「說服任何人接受我的觀點，這對我來說有什麼意義呢？就讓他自己的理智說服他吧。我從事這項工作，不是為了名聲或金錢這兩種應該迴避而不是去追求的東西，因為它們只會令人心神焦慮，況且我滿足於自己的命運；我這麼做是為了真理，因為只有真理是不朽的。」

這段摘錄生動展現了史威登堡的精神與情感。史威登堡在上述的自白中真情流露，將自己的作品託付給了真理之神，謙遜地接受任何公正的評判。

後來，他很少關注自己的科學著作，似乎並不在乎世界是否會遺忘它們，這在他之後的寫作中非常明顯，幾乎沒有提及那些作品。他晚年所結交友的一些朋友，似乎對他在自然科學領域所獲得的成就了解甚少。

他多年的密友霍普肯伯爵（Count Höpken）這樣評論他：「史威登堡在解剖學方面有著驚人的發現，這些發現應該記載於某些學術刊物中。」這表示，他顯然不知道史威登堡的鉅作《動物王國》的存在。

這些科學著作的優點和價值不勝枚舉，透過創作這些作品，史威登堡的天主得以訓練和發展他的整個思想的力量，使他能夠直視靈性世界令人敬畏的現實，並且成為《聖經》隱藏智慧的珍貴闡述者。

接受真理之靈指引

許多人必然對史威登堡在這個生命階段的宗教信仰感興趣，他這麼專注於自然科學，很難想像神學會引起他太多的關注。然而，在他的遺作中，有一篇關於信仰和善行的小品，他在文中做出很有智慧的結論，即「如果對鄰人沒有愛，那麼對上帝也沒有愛」，或是「若不行善，就沒有信仰」，因此，「沒有行動的信仰是自相矛盾的」。

在他的所有科學著作中，都可以看到他對宗教基本真理的簡單和坦誠的接受，以及努力不懈地藉由他所注意到的自然事實，來證實宗教信仰的某個真理。在此時，他的宗教觀大體符合基督教世界的觀點，只是在某些特定的見解上稍微不一致，並有避免空泛理論和神秘主義的強烈傾向，而更偏向切合實際和積極的信仰。

教條性和系統性的神學並不是他廣泛閱讀的一部分，因此，當他在研究《聖經》時，並未受到教條制定者詭辯的影響。

到目前為止，史威登堡一直致力於透過實驗、分析和理性的運用，在準備好接受真理之靈指引的情況下，揭示自然之書中的神聖啟示。我們可以在《生活法則》一書中找到這種準備的基礎。

正如山繆．桑度斯在頌詞中所說的那樣，他在史威登堡的手稿中「不止一處」發現了這些法則，而這些法則可以推薦給每一個願意履行生活的職責，並且為了在天國的生活做準備的人：

1. 勤勉閱讀並沉思《聖經》。
2. 滿足於上帝的安排。
3. 注意行為的得體，保持良心的純潔。
4. 服從命令，忠實履行自己的職責和其他責任，還要讓自己對社會有所貢獻。

無需我們多言，他信守了這些誓言。

他的一生如同雙重生活，無論在思想還是行動上都極為豐富精彩，其中任何一個都足以使他成為傑出的人物。其中一個生活是從另一個生活中有秩序且規律地發展出來的：第一個生活為第二個生活鋪陳了基礎。透過長時間的思考和在外在世界的調查研究，經過一連串辛勞的歲月後，他揭開了可見與不可見之間的布幕，他的雙眼準備好在明媚的陽光下，洞察生命和靈魂的奧秘。

因此，讓我們放下史威登堡的科學家身分，去看看他如何成為主耶穌基督的僕人、

《聖經》精神感知的闡述者，以及宣告理性與信仰將合而為一，四海皆兄弟的新時代將來臨的宣揚者。

開始與靈性世界交流

根據史威登堡本人的描述，他在主的鼓勵和庇護下，開始了與靈性世界的交流。這個事件貫穿了他的後半生，假如我們不清楚它的性質和條件，就無法正確理解其後的一切。

他在一封信裡提到：「我受主的親自召喚，要擔任一項聖職。一七四三年，主仁慈地向我——他的僕人——顯靈，他開啟我的通靈眼，讓我看到了靈性世界，並賜予我與靈魂和天使交流的恩典，至今我仍然享有此一殊榮。從那時起，我開始出版及發表我所見或上天向我揭露的各種奧秘，包括關於天堂和地獄、人死後的狀態、對上帝的虔誠崇拜、對《聖經》的精神感知，以及對於促成救贖和真實智慧方面，至為重要的其他許多事情。」

他在《天國的奧秘》的序言中寫道：

慈悲的主，多年來允許我不間斷地與靈魂和天使相伴，聆聽他們的對話，也與他們交談。我因此得以見聞在另一個世界裡的驚人之事，以前從沒有人知道這些事情，也無法想像得到。

在那裡，我有機會了解不同類型的靈魂和人死後的狀態；以及地獄，即不忠誠者的悲慘下場；還有大堂，即忠誠者的最幸福境界；另外，尤其是整個天堂都認可的信仰原則。

有靈性的漁夫

一七六六年十一月十一日，他寫信給奧廷格（Oetinger）：

我受主的引導而進入自然科學的領域，並因此做好了準備，確實的時間是一七一〇年到一七四四年，那時天堂的大門向我敞開著。……如今所揭示的靈性事物，可以用自然和理性的方式來教導及理解，因為靈性的真理與自然的真理具有對應關係，因為它們在自然真理中終結，並且在這些真理上安息……。主還囑咐我以靈性的方式去愛真理；也就是，愛真理，不是為了榮譽，也不是為了利益，而是為了真理本身；因為，為了真理而愛真理的人，能從主那裡看到真理，因為主便是道路和真理。

他曾談到自己的準備：

曾經有人問我，我是怎麼從一個哲學家變成神學家的；我回答說：「就像漁夫被主造就成門徒和使徒一樣，我從年輕時就是一個有靈性的漁夫。」聽到這句話後，對方又問了什麼是靈性的漁夫。我回答說，在《聖經》的靈性意義上，漁夫代表著研究和教導自然真理，然後以理性方式教導靈性真理的人……。聽到這些話之後，對方提高嗓門說：「現在我明白為什麼主召喚及選擇漁夫作為他的門徒了，因此，我對於他也召喚及選擇你並不覺得奇怪。因為正如你所說的，你從年輕時就是一個有靈性的漁夫，也就是說，你是一個自然真理的研究者，現在你成為一個靈性真理的研究者，是因為這些真理是建立在自然真理之上。」

第 7 章

開啟通靈眼

在這段時間，史威登堡開始籌劃專書《對上帝的崇拜與敬愛》。他似乎是感受到一種神聖的召喚而去寫它，有時甚至懷疑自己是否應該為此放下其他工作。然而，關於這部專書，他收到以下的警示：

一七四四年，十月九日和十日。我做了一個夢，一個孩子被我的腳絆倒，還摔傷了，於是他哭了起來。我幫忙他站起來，問道：「你為什麼這麼趕？」這個夢無疑意味著我對新工作的急切。

他的心靈充滿了跟宗教有關的想法，因此他也充滿了教導別人的熱情。

後來，我對自己說，主自己會教導我。因為我發現自己對這個主題的無知——除了基督必是萬物之主，或上帝透過基督而顯於世——以至於無法在這種事情上做出任何貢獻，甚至更不可能為此而努力，因此最好是在慎重考慮下放棄；但要是能夠完全被動地處理這個問題，那是再好不過了。

我也在一個夢境中看到一個畫面，一些好看的麵包被放在盤子上端給我。這預示著主自己會教導我，一旦我達到了那種一無所知的狀態，所有先入為主的觀念都會被消除，這是學習的第一階段。換句話說，我必須先成為一個孩子，然後才能被培育知識，就像現在所發生的一樣。

然而，這種引導一個堅強的人放下對自身力量和作品之信心的準備工作，可能是既緩慢又困難的，而且與他智慧的偉大程度及先前的成就成正比。他在十月十八日做了一個夢，夢中有一隻大狗，他認為牠已經被栓住了，但牠卻又撲過來並咬了他。他同樣寫了下來：

十月二十日和二十一日。既具恩典又奇妙，前一天我感到自己不配得到上帝向我顯示的一切恩典，因為自愛和驕傲在我心中已經根深柢固。因此，我向上帝祈禱，求祂把它們從我身上消除，因為我自己沒有能力做到。到了晚上，我發現自己處於一種前所未有的奇怪心境中：我對上帝的恩典感到絕望，儘管我知道祂是如此慈愛，而且向我顯示的恩典比任何其他人還要多。靈魂中有一種焦慮，但心靈中卻沒有，儘管我只在心靈中意識到這一點，而沒有感覺到身體的痛苦。之後我入睡了，我似乎被兩隻狗緊追不捨，經過很長一段時間之後，我才擺脫了牠們的追趕。當時我的想法告訴我，這些莫名其妙的痛苦，其的目的是為了治癒我。因此，每當人心中深深扎根的東西被消除時，都會引起這種痛苦的感覺，這是值得記住並保留在想法中的。

十月二十七日，他開始撰寫《對上帝的崇拜與敬愛》，並且放下《動物王國》，永遠不再繼續。

願上帝指引我踏上正途！基督告誡我，沒有祂的指示，我不應該輕舉妄動。

清晨醒來，我陷入一種昏昏沉沉或暈眩的狀態，類似於六、七年前我在阿姆斯特丹研究《動物王國》時的經歷。但這次更為微妙，幾乎將我帶入死亡邊緣。當我看見光明時，它突然籠罩了我。我趴在地上，光明漸漸消逝。在此期間，我進入短暫且受干擾的睡眠，使得這種昏沉或暈眩更加深沉，但我很快就恢復了。這象徵著我的思緒清晰，而且正在擺脫一切可能阻礙我的思考，就如同上次一樣，因為它賦予我洞察力，尤其是在寫作時。這次也一樣，我似乎寫了一手好字。

這段記錄一個人逐漸從日常生活和工作中脫離，走進靈性生活、靈性交流和侍奉主人的靈性奉獻之內容，在這裡突然中斷了。要了解他全部的靈性過程，我們必須參考他在各種作品中偶然提及的內容，以及對提問的回應。他對恩典、慈悲與福祉，以及對自身本性中的自私與罪惡之深度的高深體悟，都是他長期學習的成果，他似乎已被說服，為了服務人們而做好某些偉大的準備。

屏住呼吸與靈魂對話

史威登堡具有特殊的吐納能力。小時候他跪下禱告，以及後來在冥想時，發現自己的呼吸在那段期間內會暫時停止。正如其作品《動物王國》中提到的，他一直關注於思想與呼吸之間的關聯，這也許是因為他自己的身體長期為他提供了實例。

隨著對神的指引日益順從，我們發現他對靈性境界的敏感度與開放度也隨之提升。實際上，無論是基於身心靈的特質，還是由於專注思考的執著，當史威登堡陷入沉思時，就會展現出脫離身體感知的特殊能力。

正如他在《動物王國》中所指出的：「當思緒高度專注時，呼吸就變得無聲且緩慢，肺部似乎提升到一種程度，彷彿保持著靜默，幾乎不發出任何可感知的呼吸聲，如此一來，理性思維得以在不受任何身體運動干擾的狀態下進行分析。」再次，如威爾金森博士所引述的：「當我們仔細觀察深奧的思維時，會發現當我們吸氣時，許多思緒湧入，宛如通過敞開的門進入思維的領域；而當我們屏住呼吸，慢慢地放鬆時，我們能深入思維的脈絡，與靈魂的更高層次進行交流，就如我本人曾多次觀察到的情形一樣。屏住呼吸等於與靈魂對話；而吸氣則如同與身體互動。」

根據史威登堡的學說，在另一個世界裡，呼吸有許多不同的方式，每個社會的呼吸皆是其思想內涵的表現，兩者互相契合。靈界（所有亡者死後先聚在一起的地方）具有共通的外在呼吸，與尚在人間的人們的生理呼吸自然地產生關聯。隨之而來的，是平凡思緒的流動。而天使的呼吸則更為內斂，更為迅捷，更不易感知。這對人來說也是有可能的，假如人的思緒可以內斂、昇華、超脫世俗，讓正常可感知的呼吸暫歇，取而代之的是一種更微妙、悄然無聲的呼吸，與天國之呼吸相契合：於此刻，人可能直接與天使對話，接收其想法，甚至意識到他們的存在。根據史威登堡的說法，人類這種狀態的代表，便是伊甸園裡的亞當。自從人類墮落之後，這種狀態變得很罕見，不過，史威登堡似乎在其幼年時期及日後的深入探究中，曾有過類似的體驗：

我最初在幼年時期，每天清晨與傍晚祈禱時便習慣了這樣的呼吸方式。後來有的時候，當我在探索心臟和肺部之協調性的過程中，尤其是當我透過深刻的思想來撰寫這些主題的文章時，也會這樣呼吸，這種情況持續了好幾年。就在這段期間，我經常注意到一種悄然無聲的呼吸，幾乎難以察覺，然而，它卻滲透到我的思緒，然後到寫作之中。就這樣，我從幼年時期就被引導到這種呼吸方式上，尤其是在深度思考時，正常的呼吸方式消失了，否則，我無法做真理的深度思考。

後來，當天堂的門敞開，我得以和靈魂對話時，我完全用這樣的方式呼吸，我十分投入，以至於大約一小時都不再進行（一般）呼吸，僅吸入足夠維持思考的空氣量。就這樣，我被主引導進入更深層次的內在呼吸模式。也許這也發生在我睡覺的時候，因為有時候我觀察到，當我快睡著時呼吸幾乎停頓了，以至於我驚醒並喘氣。此外，當我在觀察、寫作和思考時，卻沒有這樣的體驗；我認為，我的呼吸在毫無自覺下發生變化的次數是數不清的。當時我也無法察覺這種變化，因為那是在我無意識的狀態下發生的。

現在我可以說，每種階層、每個領域和每個社會，尤其是內在的，對我而言都有一個適合的呼吸方式，我不用思考便能融入其中。透過這樣的方式，我也能成為靈魂和天使之中的一分子。

在冥想時暫停呼吸的這種能力，在所有人身上都很常見，但是在史威登堡身上出現了超自然的發展。在這段期間，他發現這些特殊能力應該應用在哪方面，他寫道：

主賜給我這種呼吸能力，讓我在長時間內不需要外部空氣的幫助下，進行內部呼吸。我的呼吸是受到內在引導的，我的外在感官及行動仍然保持活力，這種情形只有在被主塑造成這樣的人的身上才有可能。我也被教導，我的呼吸是在我不自覺的情況下被引導的，以便我能夠與靈魂接觸和交談。

研究催眠術和通靈現象的人都知道，有許多事實證明了史威登堡對於呼吸的觀點；很顯然，印度瑜伽修行者也能達到類似的狀態。然而，這些例子與史威登堡的情況之間有一個重大差異，那就是，他的能力是自然的，並且在持續運作中，而不是自己尋求和誘導的。而其他人的能力則是偶爾出現，並且往往是透過人為手段引發的。

開始看到靈魂

然而，在靈性現象開始發生在他身上很久之後，他才想到與靈魂交談的可能性。事實上，他對靈魂一無所知。他相信聖靈和魔鬼的力量，也相信天使，但對充滿曾經是人類的靈魂和天使的世界一無所知。我們可以看到他如何逐漸獲得這種知識：

一七四四年，十月三日到六日。我已經見過好幾次靈魂，各式各樣的都有。聖靈就是基督的靈魂，是唯一帶有所有真福的靈魂。其他的靈魂以數千種方式誘惑人去跟隨它們，但那樣做的人會招來不幸。另一次，我想起了可拉（Korah）和大坍（Dathan），他們曾將怪火帶到祭壇上，但無法獻上。當引入並非來自基督的火時，情況就是如此。我也曾看到一種像是火的東西朝我走過來。

因此，有必要在靈魂之間有所區分，但除非是透過基督自己和祂的靈魂，否則不可能做到。

若干年後，他在提到各種靈性現象之後，表示：「最後，有個靈魂對我說了幾句話，當時我非常驚訝他能感應到我的思想。後來，當我的心靈被開啟時，我非常驚訝自己能與靈魂交談；而靈魂們也很驚訝我會感到驚奇。由此可見，人們很難相信自己是透過靈魂而受到主的支配，以及很難放棄『自己是在沒有靈魂的參與下過生活』的看法。」

發生這件事的日期似乎是在一七四五年四月中旬，也許當時他仍在撰寫《對上帝的崇拜與敬愛》。

關於這件事的最詳盡紀錄，是由他的朋友卡爾·羅伯桑（Carl Robsahm）提供的。羅伯桑是斯德哥爾摩一家銀行的財務主管，在史威登堡晚年時與其關係密切，並以瑞典文寫下了史威登堡的回憶錄。

羅伯桑表示，當他問史威登堡是在哪裡和如何能看到及聽到另一個世界所發生的事情時，史威登堡回答：

當時我在倫敦，在一家我習慣用餐的旅館吃了一頓很晚的晚餐，我在那裡有自己的客房。我的思緒被我們一直在討論的話題所吸引。我很餓，食慾很好。在用餐快結束時，我注意到我的眼前有一種朦朧感；這種感覺逐漸變得更加濃厚，然後我看到地板上爬滿了十分可怕的爬行動物，像是蛇、青蛙等類似的生物。我感到驚訝，因為我是完全清醒的，我的思緒很清晰。最後，黑暗變得更深沉，然後就突然消失了。我隨後看到一個人坐在房間的角落裡，但當時明明只有我一個人，他的話讓我非常害怕，因為他說：『別吃太多。』我的眼前又變得一片漆黑，但馬上又清晰起來，我發現自己獨自一人在那個空間裡。

從史威登堡初次聽到靈魂對他說話時的驚訝，以及卡爾・羅伯桑對於這件事情的陳述，我們可以推斷這位「男士」是一個靈魂。

然而，關於同一個人在第二天晚上再次出現的情況，根據史威登堡的說法，當主向天使和人顯現時，祂是附在天使身上，並透過他的口來說話。因此，可能是同一位來自主的天使，白天在史威登堡一起參與靈性思想，然後警告他不要過分追求肉體的需求，接著晚上再次指導他有關主正在為他準備的工作。

祂一開始以人的形象出現，給予勸告，然後作為主，下達祂的命令。

根據羅伯桑的描述，史威登堡繼續說道：

我回到房間；在夜晚，同一個人再次顯現在我面前，但這次我不再感到恐懼。他說祂是主，是世界的創造者和救贖者，他選擇了我來向人們揭示《聖經》的靈性意義，祂自己會指示我，我應該在這個主題上寫些什麼。那晚我也看到了異象，至此我完全確信靈界、天堂和地獄的真實性；我在那裡認識了生活中各種環境裡的許多熟人。從那天起，我放棄了一切世俗的科學研究，並根據主吩咐我寫的東西，努力從事靈性的事。後來，主經常在每天中午開啟我的眼睛，讓我看到另一個世界，並在完全清醒的狀態下，與天使和靈魂交談。

主的第一次宣告竟是如此簡單的勸戒，而史威登堡對這件事並沒有太多的著墨。可以想見，他並不是一個飲食過度的人，但當他感到飢餓，暫時投入在滿足身體的需求之際，他的想法也會從高處落下。與他同在的靈魂或天使會察覺到他的墮落，然後，如果有機會的話就會責難他。禁食和祈禱，是擺脫自私和邪惡的手段。

就史威登堡而言，他已經做過了生活的改革，然後是一種非常深入的內在重生。這種重生必須由內到外，直到它淨化了整個生命，而且由於是從內在的根源開始，比起最初的改革會更加完美。

面臨靈性試煉

然而，史威登堡必須經歷許多嚴厲的靈性試煉，也就是邪靈對他視為真和善的一切的攻擊。在即將爆發的天國力量與地獄力量之間的戰爭中；在《聖經》中的主的降臨之光，與濫用神權者和不信神者的黑暗之間的對立中，他站在前哨。他遭受了靈性的暴力，但他毫不畏懼，也毫髮無傷；因為他所對抗的並不是他自己。惡魔無法毀滅他，因為他什麼都沒有；因此，他向生命顯示，如果他把自己身上的任何東西看作是自己的，那麼惡魔就會有東西可以攻擊，並且毀滅他。

是真理之靈來引導他進入所有的真理，而真理是惡魔攻擊的對象，但真理會自我抵禦，也會保護他。

因此，當他在解開《創世紀》的靈性意義時，便說：「到現在已經好幾年了，儘管我也在肉體中，但一直與另一個世界的靈魂在一起，被邪惡的靈魂包圍，是的，是最壞的那些靈魂。他們將毒液注入到我身上，用盡各種辦法來侵擾我。然而，他們連我的一根頭髮都傷害不到，因為主將我保護得十分周全。」

似乎在海上，他也得到了這種平靜的保護。在履行他的使命、寫作和出版的過程中，他經常橫渡暴風雨肆虐的北海，來往於倫敦、斯德哥爾摩或阿姆斯特丹之間。一艘他經常乘坐的船的船長告訴他，隨時都歡迎他的搭乘，因為只要他在船上，航程就一定會順利。

威爾金森博士對史威登堡的變化有很好的描述：「當我們從他以前的生活轉移到現在正在討論的生活時，似乎在談論另一個人，一個經歷過巨大改變的人，嚐過了死亡的祝福，卸下了心靈上的重擔，如世俗煩惱、科學和哲學等。他在自然界高飛的時期，已經在他腳下的塵土中沉睡，他雄辯的豪爽魅力已然遲暮，永遠不復在……這是一個脫離肉身的明顯例子——從世俗生活中解放出來；現在，上升到另一個世界的史威登堡，仍然是一個凡人。在他達到了那種崇高境界之後，幾乎不再提起科學生活，儘管他仍然懷抱著那種精神，就像一個被釋放的靈魂對待墳墓中的肉身一樣：他只是在某種高等記憶中擁有它，使他在新追尋的事物上獲得成果。」

史威登堡在研究物質組成時，很早就意識到必須承認一個層次存在於另一個層次之內。在《自然哲學的數學原理》中，他宣稱太陽產生了三種大氣層，更細緻的那個被包含在另一個之內，並且做為更微妙之力量的介質。後來，在研究人體結構以了解靈魂的位置和作用時，他越來越感到一個層次的物質和行動存在於另一個層次之內的固有性。

現在，他看到靈魂與身體位在不同層次，而且靈魂在身體內部，兩者之間存在完美的相應關係；他深信這種相應關係是解讀《聖經》內在含義的關鍵。

他渴望揭露這一點，但在做到之前，他必須透過經驗去學習心靈中的離散程度，以及在自然之內和之上的靈性離散性，一個是自願地靠主而生活，另一個則是靠自己和為自己而生活。

當他學到了並準備好的時候，就被提升到更接近主的位置，並在祂的光芒中看到了自然意志的罪惡性質，於是他努力祈禱，奮力爭取解脫，直到最後他從靈性心靈中的神性裡產生了快樂的感覺，他不再渴望靠自己的意志生活，只渴望靠主的意志生活。在與身體相關的外在心靈中仍然存在一些悲傷，但內在卻充滿了喜悅和平靜。

因此，史威登堡透過理論和經驗的訓練，而能夠領悟並揭露福音中關於化身與救贖的教義。

認識靈界的漸進過程

史威登堡融入靈界是一個漸進的過程，因此，關於他受到啟發的日期，有著不同的說法，從一七四三年到一七四五年都有。然而，他在倫敦生活的期間，似乎完全發揮了他的預知能力。

近年來，人們普遍將史威登堡視為通靈者，把他與催眠的主題聯想在一起，並將他視為法國或美國靈媒的族人，像是卡哈涅（Cahagnet）和安德魯・傑克遜・戴維斯（Andrew Jackson Davis），這種錯誤是出於無知。

在靈界裡有一個法則，即每個人都和與自己相似的人聯繫在一起。因此，假設任何人的通靈眼被開啟，他只會與相似的靈魂聯繫，也就是說，只與那些會回應他自己的想法及意見、體會他的感受的靈魂聯繫。很明顯的，在這種情況下，啟示的性質完全取決於啟示者的性格，而且在所有情況下都必定受到熱愛真理者的質疑。

他在早期的言論中，對另一個世界現實的理解是：「在另一個生活中，地方、地方的改變和距離都是錯覺。」其中的位置變化「只是表面上的，只是狀態的變化，而身體仍然在同一個位置。」後來他說：「靈魂和天使……是實質的人，住在根據他們心靈狀態而決定的空間和時間中，像自然界中的人類一樣一起生活。」

有人認為，史威登堡對靈性事實缺乏認識，與他在那個世界的知識層面有關，與之相連的是看和聽的感官；至於他心靈的自發部分，與之相連的是味覺和觸覺的體悟感官。

後來，當一切靈性的事物對他來說變得真實時，他只有偶爾才能幾乎完全地離開身體。關於這種狀態，他說：

人被引導進入一種介於睡眠和清醒之間的狀態，當他處於這種狀態時，知道自己是完全清醒的；他所有的感官都像在身體最清醒的時候一樣清醒，視覺和聽覺也是如此，更奇妙的是，那時的觸覺比身體清醒時更敏銳。

在這種狀態下，他完全可以看到和聽到靈魂與天使，更奇妙的是，可以觸摸到；那時幾乎沒有身體的任何干擾。

關於這種狀態有一句話，那就是『被提到第三層天上去。或在身內，我不知道。或在身外，我也不知道。』（《哥林多後書》12:2）我只被允許進入這種狀態三或四次，只是為了了解它是什麼，同時，靈魂和天使享有每一個感官，當人離開身體時也是一樣。

認識靈魂的形式

現在，史威登堡宣稱自己一直受到主的特別庇護，他所宣揚的信條是直接來自於主，而不是來自於任何靈魂。他在這個時期的日記中提到：

靈魂所講述的事情，完全是虛構的謊言。當靈魂開始與人類交談時，要當心，不要相信他們，因為他們所說的每件事情，幾乎都是虛構出來的；他們撒謊。因此，如果他們被允許描述天堂的模樣以及天堂裡的情況，他們會講許多虛假的事情，而且言之鑿鑿，讓人們驚歎不已。因此，當靈魂說話時，我不被允許相信他們所說的任何事情。他們喜歡捏造事實，無論談論的話題是什麼，他們都以為自己很清楚，然後形成各種不同的意見，就好像他們真的知道一樣。如果有人聽信，他們會堅持以各種方式欺詐和誘騙。

任何人只要留心降神（Spirit-rapping）現象，以及透過通靈者從靈界所獲得的訊息，並觀察到這些「靈媒」所說的內容混亂又矛盾，就能夠理解這段話的真實性，並在這些現象和史威登堡之間劃出一條明確的界線。

那些對靈性交流的本質不熟悉的人都想知道，像史威登堡這樣的人，怎麼光是靜靜地坐在椅子上，就能看到天使和靈魂，與他們交談，並且在靈界的廣大空間裡穿梭自如。原因是，空間和時間是物質屬性的，它們確實存在於靈界，但不像我們物質世界裡固定的、可測量的東西那樣。靈魂完全獨立於空間之外，正是由這個原則，史威登堡才能在神的指導和保護下，被引領穿越各種靈性社群，寫下關於這些奇妙情況的記載。

一七四五年四月，史威登堡第一次看到靈魂時，稱之為「一個人」。到了十二月，他寫道：

靈魂感知到的並不是他們身處人類形狀之中，也就是處在由皮膚、骨頭和血液組成的身體之中，他們被告知，他們無法留住那些沒有用的東西。……當他們聽到這一點時，確實感覺到那些東西對他們來說沒有用處，但仍然保留著這種形狀……但他們的真正形式是什麼，實際上是未知的；然而，從腦部（即身體形狀的開始）最微小的器官看來，可以在某種程度上得出結論，即靈魂形式與人體的形式並不相異；只要他們透過思想將自己的心靈導向人體，就可以隨時恢復成人類的模樣。

關於靈魂的同一種想法——即靈魂並不具有人類形式，除非透過幻想或想法上的虛構，還有關於他們的周圍環境、衣物、動物等的類似概念——經常出現。

一七四八年十月，他再次寫道：

> 我曾談到靈魂的形式，因為他們不知道自己是以什麼形式存在，除了人類形式之外。
>
> 我也談到，靈魂的內心渴望一種與人類身體相似的形式……但仍然是一種更適合天堂生活的更完美的形式……但顯然他們不是身體，因為身體就像蟲的形式一樣，而且實際上是蟲的食物……
>
> 因此，靈魂的形式要更加完美，它們被描繪成人類形式是有原因的，關於這一點曾在前文中提過；但靈魂的形式是什麼，因為各種原因，我無法知曉。

靈魂的形式是身體形式的由來，與之不同且更高級，就像蝴蝶與毛蟲的形式一樣，這是史威登堡的舊哲學觀念，並已發表在有關靈魂的著作中。那時他已經深入研究，並將靈魂的外在覆蓋物，甚至是理性思想，視為內在的物質實體；在人死後，這些外在覆蓋物會逐漸脫落，靈魂將成為純粹的智慧，不再有身體需求，但它具有自己的乙太形式，並且在必要時能夠具有人類形式。

現在，他習慣於觀察靈魂已經有三年半的時間，有時每天都能看到，但他還沒有學會之後不斷傳遞的觀念，也就是：他看到的靈魂所擁有的身體是真實的、實質的、人類的身體，它不是俗世物質的，而是靈性物質，是俗世物質的內在部分。他尚未擺脫對於靈魂的舊觀念，即它們可能是毫無實質形式的鬼魂，或者具有未知的更高級別的形式。

不過，他在撰寫《天國的奧秘》時，已經有了很大的進展，在該作品中很少有這種對靈魂不完全理解的痕跡。然而，在某些地方，我們可以看到他這樣說：「（在靈界中）能夠清晰地聽到牙齒咬合的聲音，就像聽到人咬牙齒的聲音一樣，這一點很奇怪，因為他們並沒有牙齒。」

他在《通靈日記》和《天國的奧秘》裡的許多地方，都提到靈魂和天使不需要食物，除非是用來滋養心靈；他們具有與人類相同的所有感官，除了味覺以外。這種例外可能是從他先入為主的觀念中推斷出來的。

然而，後來他寫道：

他們在那裡的吃喝就像在自然界一樣，但所有食物都來自靈性的源頭；因此不需要料理，而是每天給予……因為食物來自靈性的源頭，所以本質上是靈性的，而靈魂和天使是人，而且被賦予了靈性的身體，因此拿這樣的靈性滋養來供應他們：靈性的本體在靈性上得到滋養，而物質的人類在物質上得到滋養。

善靈和天使有牙齒，與人一樣。他們具有相似的味覺和嗅覺。

看見魔鬼與地獄

另一個說明史威登堡對於靈性事物的理解逐漸增長的例子，在於他談論惡靈和地獄的方式。

他在《札記》中很少提到地獄，但經常提到魔鬼及其手下。同樣地，在《通靈日記》的早期部分提到，魔鬼被創造成完美的狀態，然後墮落，但現在被囚禁，只有他的手下被釋放出來。

然而，一年後，史威登堡提到他曾經以這種方式寫下的東西，是根據整個基督教世界的信仰而寫的；但這也許是他最後一次提到這類內容。

《通靈日記》的撰寫時間是審判日的十年前，當時地獄已經開啟，其中一部分的囚犯已經被釋放。對於史威登堡來說，「上帝彌賽亞的天使或靈魂，與那些有乖戾性情的相比實在太少了。」有大量的靈魂受到邪惡的侵擾而感到沮喪，被置入地獄中，或者被留在史威登堡所稱的下界，在那裡歷經煎熬，淨化他們的惡，以準備進入善的行列。

在這些年裡，史威登堡造訪他們，傾聽他們的抱怨，安慰他們，並看到他們在天使的照料下，一批批地被釋放和提升地位，加入善的行列。在這個時候，他對兩件事印象最深刻：

第一是人類心靈的罪惡，因此他仍用那句老話來說，所有人都被判處永恆的懲罰。

第二是主的無限慈愛會拯救一切。從這一點以及他所看到的事情，他堅決地向自己、向木星的靈魂，甚至向天堂的天使宣稱，主只允許懲罰作為改造的必要手段，而永恆的懲罰並不存在。

有許多跡象顯示，雖然史威登堡知道有些人已經在地獄中待了十甚至二十個世紀，但他相信所有人作惡的欲望最終都會被剝去，而且他們在僅存的生命中將會被接納到善的行列裡，在拮据的生活中還能做出一些貢獻。

我們不僅在《通靈日記》裡中，也在他同年（一七四八年）撰寫的《天國的奧秘》

第一卷中發現這些跡象。在第六九九節中，他談到安慰那些在地獄和下界的人。從第八二七節到第八三一節，以及第九五五節，他描述了最可憎的靈魂所遭受的各式各樣、持續數百年的懲罰，直到他們幾乎耗盡生命，或者對他們曾經習慣的行為「感到羞愧、恐懼和恐怖」。

Part 2

史威登堡的逸事與靈異經歷

第 8 章

通靈日記

史威登堡在一七四五年七月初離開倫敦，乘船前往瑞典，並於八月七日抵達。在這次旅程中，他的靈性交流暫時中斷。之後，他在家裡平靜地度過一七四六年，這也許是他擔任評鑑委員的既定程序，同一時間，他也認真思考呈現在他眼前的天堂奧秘。

一七四七年，史威登堡為了更自由地投入在主賦予的使命中，請求弗瑞德里克國王（King Frederick）允許他辭去評鑑委員的職位，並獲得終身退休俸（原本薪水的一半），同時要求不要加官進爵。國王答應了他的請求，但考量到他長達三十一年的忠誠服務，仍然繼續支付他全部的薪水。

與此同時，史威登堡學習希伯來文，並閱讀了原文版《聖經》好幾遍。就跟所有真正的學者一樣，他在閱讀和思考時拿著筆，並隨著隱藏在《聖經》裡的神聖智慧逐一呈現在眼前時，將具體揭示的真理寫成《札記》。這些札記涉及了有關《舊約聖經》和一些先知的史書，並在近年由博學多聞的新教徒——圖賓根的塔菲爾（Tafel of Tübingen）博士，根據史威登堡的拉丁原稿印刷出版。

史威登堡在一七四七年停止編寫《札記》，轉而撰寫《通靈日記》，並且持續了二十年。《通靈日記》這部作品十分獨特，因為在任何文學中都找不到與它對等的東西。在這本書中，我們可以看到史威登堡在二十年間關於自己的通靈狀態和誘惑的日常紀錄；他與天使、靈魂和魔鬼的交流及對話；以及關於他們的樂趣、懲罰和思想的描述。任何熟讀過《通靈日記》的人，往後都不會對史威登堡的坦率和真誠產生一絲懷疑，因為在所有的字裡行間，讀者都能察覺到那種秉性正直和誠實的人才具備的平靜且嚴肅的認真態度。在整個過程中，讀者都不會看到虛榮、欺騙、口是心非，或與他已發表的作品不一致的任何東西，一切都像真理本身一樣直截了當、開放且毫無保留。雖然這本書是在他的書房裡靜靜寫成的，僅供他自己查閱和使用，但就算攤在全天下人的面前，他也是極盡地坦率和真誠。

《通靈日記》提出了一些奇特的觀點，其中也有他與許多古代和現代名人的交流。有些受世人尊崇敬的人物，其傑出的假象完全被撕破，而有些人物的污名，經證實只是基於表象和流言蜚語的判斷。讀者將會發現，即使是最耀眼的智慧，在缺乏高尚的心靈和正直的目標時，也會變得愚笨和瘋狂，唯有善才是真實智慧的生命和靈魂，並了解其原因。

《通靈日記》能為讀者提供更好的觀點，去了解未來生活的真實性，並且激發一個人去整理他的思緒，或者說是他的靈性之屋，這樣一來，他在死後才不致於遭遇混亂和悲傷。

這本書裡所描繪的死後生活，並不是無法讓心智形成明確概念的模糊夢境或幻影，而是嚴峻的現實。這一世所染上的邪惡習慣，從放縱的言論、揶揄神聖的主題，到懶惰和奢侈，一直到更可惡的罪行，都會引發另一個世界中的可怕狀態。邪惡是一種折磨，而善良是甜美且豐厚的獎賞。我們有必要在此創造一個平靜、幸福的境界，以便將它帶入死後的世界；《通靈日記》就具備這種崇高的用途。

然而，《通靈日記》並不適合初學史威登堡學說的讀者。由於年輕的讀者尚未理解其寫作所依據的原則，很容易從中形成錯誤的觀念，然後對這部作品做出錯誤的判斷。只有在對史威登堡神學著作中所闡述的靈性法則有一些認識之後，才能從《通靈日記》中獲益。

一旦理解靈性基礎法則，起初那些顯得荒謬和不合理的事情，就會變得合理與可信。由於《通靈日記》的內容是以「果」而非「因」為主軸，告誡的性質就會比較明顯。但在理解靈性生活的法則之後，《通靈日記》就會成為一部獨特和極具益處的教材。

當史威登堡於一七五一年居住在瑞典時，他的老朋友普爾海姆去世，史威登堡很幸運地看到了他的墓裡與墓外。他在《通靈日記》中寫道：「普爾海姆在星期一去世，在星期四與我交談。我被邀請參加葬禮。他看到了靈車、隨扈和整個隊伍。他還看到他們把棺材放進墳墓，並在過程中與我交談，問我為什麼他還活著就把他埋了。當神父宣稱他將在末日復活時，他問為什麼這麼說，因為他已經復活了。想到他現在仍然活著，他很懷疑那樣的信仰會流行起來，他對身體復活的信仰感到驚訝，因為他說他感覺自己還在身體裡……等等。」這樣的描述對許多人來說顯得很怪異，但一旦理解了這些現象背後的法則和原理，所有的怪異和不可信會立即消散。

靈魂的幸福

史威登堡自己對幸福快樂的描繪，則有其獨到的思辯：

靈魂在凡人的身體中形成，並為永恆的狀態做準備，因此從這方面來說，我們人類是世上最幸福的生靈，或者說是最不幸福的；對於那些不幸福的人來說，他們的不幸福超過了在死亡時靈魂毀滅、生命消散的野獸。

基督徒則可能更加幸福，或者更加不幸福；因為他們擁有一種能夠引導信仰、相對明確和充實的知識：然而，那些不幸福的基督徒，比那些未被賦予此類知識的異教徒更不幸福。

那些熟知上天法則的基督徒、教會的主教和博士，可能更幸福或不幸福；因為那些不幸福的人，比基督教普通信徒中最粗野的成員還要不幸福，即便那些粗野成員在學問、知識和啟蒙上都有所欠缺。在嫻熟於解讀神聖法則的人之中，有能力將理性灌輸到啟示裡，並將兩者當作獲得信仰所需之知識的手段者，會更幸福。也就是說，那些基督教哲學家，如果不幸福，則會比那些僅從啟示中獲得知識的人更不幸福。

因為，我們擁有的知識越多，就有越多的東西可以使我們幸福，也有越多的東西可以使我們不幸福。因此，基督教哲學家可能是最幸福或最不幸福的凡人。

再者，在他出現靈性體驗幾年之後，他寫道：

有些人認為，有信仰的人必須放棄生活中的所有樂趣和身體的享受；但我可以作證，我不曾被剝奪這些東西，而是被賦予；就如其他凡人所享有的那樣，不僅是身體感官上的滿足，還有生活中的享受和快樂。我認為，這是世界上其他人所未曾獲得的，比任何凡人所能想像或相信的享受更美妙、更細膩。（《通靈日記》，3623）。

如果我們想進一步探索這種幸福可能是什麼，可以回顧關於「祝禱」（Benediction）之平靜的內容，閱讀其中描述的有關神的感知之甜美，即一個人不是由自己來思考。「突然間，我被賦予能力，去感受到天使們所獲得的喜悅，他們從不是由自己思考，因此也不是由自己說話和行動；由此產生的是寧靜和自信，以及從此而來的許多歡樂。」（《通靈日記》，2870）

第 9 章

驚人的靈異事件

死刑犯的未來

關於史威登堡在撰寫《天國的奧秘》期間的俗世生活，我們知之甚少。從他的《通靈日記》裡，我們得知，一七五六年七月二十三日，他在斯德哥爾摩。當時有人策劃了一場革命，而此陰謀的領導者布拉赫伯爵（Count Brahe）和霍恩男爵（Baron Horn），在那一天被處決。關於布拉赫，史威登堡是這麼寫的：

布拉赫在上午十點被斬首，然後在晚上十點與我交談；也就是說，在他被處決後的十二小時內。他在接下來的幾天裡幾乎都和我在一起。他在兩天的時間裡開始恢復到以往的生活，包括喜愛的世俗之事；三天後，他恢復到在人間的模樣，並陷入他在死前所犯的罪惡之中。

友人羅伯桑詢問被斬首者的未來狀況，史威登堡答道：

當一個在邪惡中成熟的人被法律和斧頭從地球上消滅時，儘管表面上看似懺悔，但他仍然永遠保持邪惡，他的轉變是被強迫的，而不是由他自己的自由意志帶來的，但那才是上帝所要求的。除非他的罪行使他入獄，並看到死亡迫在眉睫，否則他永遠不會將信念轉向上帝，更不用說他那被習慣麻木的心了。

像這樣的人，當他發現自己還是跟以前一樣活著時，會毫不猶豫地投入到他在世上所做的那一切惡行中，然後把自己迅速地推向地獄，加入到他在人間生活時所交往的那些惡靈當中。

然而，那些因為在醉酒、憤怒、憤慨或魯莽的狀態下，犯下某些罪行而被處決的人，並沒有犯罪的真正意圖，就他們而言，情況是完全不同的。那樣的人對自己所做的事情感到非常悔恨，如果在餘生中沒有否定上帝的戒律，那麼他們在死後就會成為快樂和被賜福的靈魂。

看起來，不論死亡時發生了什麼事情，那種感覺都會被帶到另一個世界裡，而且會持續一段時間。《通靈日記》中，提到一位因憂鬱而陷入絕望的人，最終在惡靈的慫恿下，用刀戳進自己的身體而毀滅自我。史威登堡寫道：「這個靈魂來找我，抱怨他悲慘地受到惡靈的戲弄。我看到他手裡握著一把刀，好像想把它刺進自己的胸膛裡似的。他對著這把刀使勁，似乎想把它丟掉，但是徒勞無功。」

＊＊＊

瑞典女王的試探

史威登堡和靈魂交流的事情變得廣為人知，眾人對他提出五花八門的需求，希望獲得各式各樣的訊息。

瑞典女王問他，他的靈性交流是不是一種可以傳授給別人的科學或技術。他回答說：「不，這是主的恩賜。」女王說：「那麼，你能與每一位亡者交談，還是只能與特定的人交談？」他回答說：「我不能和所有人交談，只能和我在這個世界認識的人交談，包括所有的王室成員和王子、所有著名的英雄，或者我認識的偉大、博學之人，不管是我見過面的，還是透過他們的行動或作品而了解的。也就是說，我只能與那些我能夠對他形成概念的人交談，因為我可以想像；但對於我從不認識且無法形成概念的人，我既不能也不願意與他交談。」

普魯士王子是瑞典女王的兄弟，在他過世不久後，當史威登堡在宮廷時，女王注意到他並詢問：「那麼，評鑑委員，你見過我的兄弟嗎？」他回答說：「沒有。」於是，她開玩笑地說：「如果你見到他，請代我向他問好。」

八天之後，史威登堡再次來到宮廷，但是時間太早了，女王還沒有離開她的公寓「白屋」，當時她正在與侍女和女官交談。史威登堡沒有等女王出來，而是直接進入她的公寓，在她的耳邊輕聲說話。然後，女王突然受到驚嚇而昏倒，經過一小段時間都還沒恢復。等到她恢復意識後，才對身邊的人說：「他剛才告訴我的事情，只有上帝和我的兄弟才知道。」她承認史威登堡談到了她與王子最後的通信，而信件的內容只有他們自己知道。

＊＊＊

遠方的火災

一七五九年七月十九日，史威登堡在哥特堡，根據知名的超驗主義者伊曼紐・康德（Immanuel Kant）的描述，當時發生了以下事件。

星期六下午四點，當史威登堡從英國抵達哥特堡時，威廉・卡斯特爾（William Castel）先生邀請他和一群人（十五人）到他家。史威登堡大約在晚上六點離開，過了一段時間之後，他臉色蒼白且驚恐地回來。他表示，斯德哥爾摩（距離哥特堡四百八十公里）的桑德滿（Sundermalm）剛剛發生了一場危險的大火，火勢蔓延得很快。他很焦慮，頻頻走到外頭去。

他說，一位朋友的房子已經化為灰燼，而他自己的房子也面臨危險。他在晚上八點再次外出，回來後高興地大喊：「感謝上帝！火災在距離我家三棟房子前被撲滅了。」這個消息在現場造成了極大的騷動，省長也在當晚得知消息。

第二天早上，省長派人去找史威登堡，詢問他這場災難的情況。史威登堡精確地描述說它是怎麼開始的，怎麼停止的，以及持續了多久。就在同一天，這個消息傳遍了整個城市。由於省長認為這是值得關注的事，人們的恐慌便加劇了，因為許多人擔心他們的親友和財產可能捲入這場災難中。

一名在火災期間被派往哥特堡的信差，於星期一晚上抵達；在他帶來的信裡，火災的情況就和史威登堡所描述的一樣。星期二早上，一名皇家信差抵達省長府邸，帶來了令人憂慮的火災情報，其造成的損失，以及受損和燒毀的房屋等情況，完全與史威登堡在火災結束時所描述的相同：火災在八點被撲滅。

康德繼續說：「針對這一事件的真實性，有什麼可以反對的？寫這封信給我的那位朋友，不僅仔細研究了這個在斯德哥爾摩的驚天大案，而且大約兩個月前在哥特堡也進行了調查，他熟悉當地最受尊敬的家族，並且能夠獲得最真實和完整的資訊，因為目前仍然在世的居民，絕大多數都是這個難忘事件的目擊者。」

這篇敘述取自康德在一七六八年寫給夏洛特．德克諾布洛赫（Charlotte de Knobloch）女士的一封信。值得注意的是，康德並非史威登堡的擁護者。在寫這封信的兩年前，他曾在一本小作品中攻擊過史威登堡，標題為《由形上學夢境闡釋大先知之夢》。基於這樣的資訊來源，我們對這個故事的真實性不應抱有任何懷疑。

＊＊＊

夢見路易十四

史威登堡在《通靈日記》中，記錄著一七五九年十二月十三日那天晚上，路易十四（在一六四三年至一七一五年間統治法國）的靈魂接近他，在前方的台階往下走了幾步便停下來，然後說他看到了凡爾賽宮，就像在他的時代看到的一樣。當時國王似乎變得心不在焉，如同在睡眠中，他的周圍一片沉默，就這樣大約持續了兩個小時；當國王回神時，如同從睡夢中醒來一般。

他與史威登堡交談時，說他曾與曾孫路易十五見面，並以各種方式催促他全面停止推廣教皇詔書〈聖主獨子〉（Bull Unigentius）。在耶穌會的慫恿下，路易十五一直試圖將它的觀念強加於國會和人民。

後來，基於歷史上無法知道的原因，路易十五之後再也沒有繼續支持這部教皇詔書。幾年以後，他將耶穌會驅逐出法國。

* * *

預知俄皇去世

史威登堡在一七六二年七月來到阿姆斯特丹。約翰・海因里希・榮格（J. H. Jung Stilling）的一位朋友陳述了史威登堡的有趣逸事。

一七六二年，其友人在阿姆斯特丹的一個聚會裡，史威登堡也在場。在眾人談話間，史威登堡的表情突然變了，他的靈魂顯然不在那裡，而且他內心正在發生一些非比尋常的事情。

當史威登堡恢復正常之後，有人問他發生了什麼事。起初他不願透露，但在多次催促下，他終於鬆口說：「就在此時，俄國皇帝彼得三世在監獄中去世了。」同時提到了他的死亡方式。「各位先生們，請記住這一天，以便將來能夠與報紙上的死訊做比較。」

後來，報紙披露了沙皇在當天去世的消息。

＊＊＊

尋找遺失的收據

一位名叫馬特維爾（Martville）的荷蘭大使在斯德哥爾摩去世。不久後，金匠克魯恩（Croon）要求馬特維爾夫人支付她丈夫向他購買的一套銀器的費用。

馬特維爾夫人相信已故的丈夫一定非常精確、有條理，不可能沒支付這筆債務，但是她找不到收據。由於金額相當可觀，她在悲傷中請求史威登堡先生來她家。她先為打擾他一事道歉，接著表示，如果他像所有人所說的那樣，擁有與亡者靈魂交談的奇特能力，也許能好心地幫忙詢問她丈夫關於銀器的事情。史威登堡毫無異議地接受了她的請求。

三天後，這位夫人在家裡邀請客人喝咖啡。史威登堡前來拜訪，冷靜地告訴她，他已經和她的丈夫談過了。債務在他去世前七個月就已經償清，而收據在樓上書房的一個書櫃裡。夫人回答說，書櫃已經完全清空，在所有檔案中都找不到收據。史威登堡說，她丈夫告訴他，拉出左邊的抽屜後，會出現一塊需要拉出來的板子，後面有一個秘密隔間，裡面包含他私人的荷蘭通信及收據。眾人聽到這些話之後，都起身陪同夫人進入樓上的房間。他們打開書櫃並按照指示去做，然後找到了那個小隔間，這是以前沒有人知道的。讓所有人大為驚訝的是，收據就放在史威登堡所說的地方。

* * *

商人與死去的朋友

約翰．海因里希．榮格曾經描述以下的故事。他在埃爾伯菲爾德（Elberfeld，編註：

在今德國境內）住了七年，與一位商人密切往來，那位商人的話雖然不多，但是字字珠璣。就算是為了全世界，他也絕不敢撒謊。大約在一七七〇年，那位商人由於生意上的關係需要前往阿姆斯特丹，當時史威登堡就住在那裡，那位商人聽過他的許多傳聞，便決定去拜訪他。

商人：我因為生意的關係而造訪此地，不想錯過親自向您致敬的榮幸。先生，您的著作讓我覺得您不同凡響。

史威登堡：我能請問您是從哪裡來的？

商人：我來自貝格伯國（Duchy of Berg）的埃爾伯菲爾德。您的著作中有許多出色且具教化意義的內容，令我產生了深刻的印象。您寫出這些內容的來源非常特別、奇異且罕見，或許您不會介意一個真誠的真理之友希望得到無可辯駁的證據，證明您確實與靈性世界有所交流。

史威登堡：如果我介意的話，那就太不合理了；但我認為我已經提供了令人無法反駁的證據。

商人：您指的是眾所周知的關於女王、斯德哥爾摩的大火和那份收據的證據嗎？

史威登堡：是的，沒錯，它們是千真萬確的。

商人：儘管如此，仍然有許多反對意見。我可否冒昧提議您給我類似的證據？

史威登堡：有何不可？我十分樂意。

商人：我曾經有一位朋友在杜伊斯堡（Duisburg）修習神學，後來罹患結核病而過世了。在他過世之前，我去拜訪了他，一起談論一個重要的話題：您能從我朋友那裡得知我們當時的談話內容嗎？

史威登堡：讓我們拭目以待。你的朋友叫什麼名字？

商人把名字告訴他。

史威登堡：你會在此地停留多久？

商人：大約八到十天。

史威登堡：你過幾天後再來找我吧！我看看能不能找到你的朋友。

這位商人告辭後，就去忙他的事情，並在幾天後滿心期待地再去找史威登堡。史威登堡面帶微笑地迎接了他，說道：「我已經和你的朋友聊過了，你們當時談論的主題是萬物復興。」

然後他非常精確地告訴商人，他和已故的朋友當時各有什麼樣的主張。這位商人變得臉色蒼白，因為這項證據太強而有力。

他進一步詢問道：「我朋友現在怎麼樣了？他蒙受天主的恩惠嗎？」

史威登堡回答說：「不，他不在天堂。他仍然在靈界，並且不斷用萬物復興這個論題折磨自己。」

他驚呼道：「什麼！天啊！在另一個世界？」

史威登堡回答說：「當然，一個人會把他所偏好的事情和觀點帶入另一個世界，而且很難擺脫它們。所以，我們應該在此世就把那些事情放下。」

商人對他的話深信不疑，告別後便回到埃爾伯菲爾德。

＊＊＊

丹麥國王與主教

有時候，史威登堡所宣告的亡者之狀態，會使聽者感到驚慌，其中一個案例就發生在從哥特堡到倫敦的航行中。

船隻停泊在奧瑞桑德（Oresound），瑞典領事邀請了海關官員以及該鎮的一些顯要人物到他家裡用餐，他們都渴望見到史威登堡，想要認識他。

所有人坐在桌子旁，但沒有人敢和一直保持沉默的史威登堡講話，瑞典領事覺得有必要打破沉默，便問史威登堡，由於他能看到亡者並與他們交談，他是否見過已故的丹麥國王克里斯蒂安六世（Christian VI）。他回答是，並補充說，當他第一次見到國王時，和他在一起的是一位主教或高級教士，那個人為自己在輔佐國王時引導國王走向許多錯誤，謙卑地向國王請罪。

那位已故教士的兒子碰巧也在場，領事擔心史威登堡可能會進一步說些不利於他父親的話，於是打斷他說：「先生，他的兒子就在這裡！」

史威登堡回答說：「也許是，但我所說的是真實的。」

預知死亡

圖賓根大學的謝勒（Scherer）教授曾告訴友人，他在斯德哥爾摩擔任大使館秘書期間的見聞，並表示：「在斯德哥爾摩，所有社交圈都在談論能看到靈魂的史威登堡，以及他與靈魂和天使交流的事情。大家對他的評價不一，有些人完全相信他看到的異象，有些人認為難以理解，還有些人斥之為盲目的狂熱；但他本人從來沒有能力去相信那些話。然而，史威登堡由於品格優異，普遍受到高度評價。」

謝勒教授還提到了其他令人驚奇的事情，內容如下。

有一天晚上，史威登堡在斯德哥爾摩的一個聚會上，說了關於靈界的消息，大家便要求他證明那些不尋常的靈性交流的可信度。這個測試是這樣的：他要說出聚會中誰會第一個死去。

史威登堡並沒有拒絕回答這個問題，但似乎陷入了一陣沉思。之後，他坦率地回答說：「奧洛夫．奧洛夫森（Olof Olofsohn）將於明天早上四點四十五分去世。」在史威登堡信心十足地宣告這項預言性的聲明後，在場的所有人都陷入了焦慮的期待中。

奧洛夫．奧洛夫森的一位朋友，決定在次日清晨根據史威登堡所說的時間去奧洛夫森的家中，看看史威登堡的預言是否成真。在前往那裡的路上，他遇到了奧洛夫森的僕人，他跟那個僕人很熟。僕人告訴他，他的主人剛剛去世：一場突如其來的中風結束了他的生命。由於這個實際發生的死亡證據，這位紳士被說服了。與此同時，有個特殊情況也引起了注意：奧洛夫森住處裡的時鐘就停在他去世的那一刻，指針就指向那個時間。

第 10 章

史威登堡的生活逸事

因通靈異能而聲名大噪的史威登堡，在家鄉斯德哥爾摩引起了許多好奇和關注，人們觀察到他很少上教堂，也很少領聖餐。

一七六〇年，兩位主教，也是他的親戚，以友好的方式向他抱怨這件事。他回答，宗教儀式對他來說，並不像對其他人那樣必要，因為他已經和天使們有聯繫。不過，他們說他的榜樣是可貴的，而他被這個論點說服了。

在領聖餐的幾天前，他問老管家該找誰，因為「他對別的傳教士不太熟悉」。管家提到老牧師，史威登堡反對說：「他是一個充滿激情和狂熱的人，我聽說他曾因為不滿而在布道時大發雷霆。」

然後管家建議他找助理牧師，他在教會裡沒那麼受歡迎。史威登堡說：「我比較喜歡他，因為我聽說，他說出自己的想法而失去了人們的好感，這是常有的事。」所以，他向那位助理牧師領了聖餐。

不試圖說服他人

友人卡爾．羅伯桑說：「總括來說，史威登堡通常不願意在宗教事件上爭論。如果他被迫為自己辯護，就會用溫和的態度和簡短的言辭，但如果有人不肯被說服，並在說理時變得激動，他就會退出，並說：『請仔細而不帶偏見地閱讀我的著作，它們會替我回答你，並且給你一個理由，讓你改變對這些事情的看法和觀點。』」

起初，他常常坦率地談論他看到的異象和對《聖經》的靈性闡釋，但這麼做卻惹惱了神職人員，他們宣稱他是異端邪教徒和瘋子，於是他決定在人群中避免透露自己的所知，或者更加謹慎，以免讓喜歡妄加評論的人有機會指責他們無法理解的事情。

羅伯桑說：「我曾經問過他居住地的教區牧師，那是一位受人尊敬的老神職人員，我問他對史威登堡的異象和對《聖經》的解釋有何看法。這位可敬的人回答說：『只有上帝能夠判斷這一切，但我不認為他是許多人所想像的那種人，我親自與他交談過，跟他在一起的時候，我發現他是一個善良而聖潔的人。』」

「值得注意的是，史威登堡從不試圖說服任何人接受他的觀點，也絲毫不受當時宣揚教義新觀點的人表現出來的自愛所左右。他不試圖拉攏信徒，甚至不輕易傳授他的思想和觀點，除非是他認為有品德、有意適度聆聽、能夠理解和熱愛真理的人。」

羅伯桑繼續說：「有個情況非常奇特，那就是，所有閱讀史威登堡的作品並希望反駁他的人，最終都因接受他的觀點而打消念頭。」不過，這種說法是有一些限定性條件的。

＊＊＊

在國會的表現

雖然史威登堡埋首於創作並沉浸在靈性的沉思中，卻沒忘記世界和對國家的責任。他在一七六一年參與瑞典的國會，他對國會的三份呈文或致詞都被保存了下來。

在第一份文件裡，他祝賀議會開議，並建議矯正導致不滿的所有不平等。在第二份文件中，他基於謹慎的動機，提倡與法國結盟，而不是與英國結盟，同時強烈反對專制政府的邪惡，以及羅馬天主教信仰的擴展對於自由的危害。

第三份文件是關於財政的，當時的瑞典首相霍普肯伯爵留下的紀錄指出：「關於財政事務，最扎實和最巧妙的呈文都是由史威登堡提出的；在其中一份裡，他駁斥了一件四開本的大計畫，引用了其中的相應段落，而其說明只用了一張紙。」

他也是國會的秘密委員會成員，這是最賢明正直的人才能當選的職位。

史威登堡必定充滿了高尚、智慧和豐富的常識，才能克服人家說他「見鬼」的攻擊，並且在世俗、懷疑和感性的人之中，受到高度的喜愛與接受！

＊＊＊

難得的順利航程

一七六六年四月，史威登堡再次走訪英國，想要觀察他的著作對英國人的影響。關於這次造訪的記載，只有他在同年九月結束旅程後返回斯德哥爾摩的情況。倫敦的瑞典領事史普林格（Springer）先生是史威登堡的老朋友，對於史威登堡這次返國留下了以下有趣的紀錄。

史威登堡即將啟程返回瑞典，希望我為他找一位優秀的船長，所以我找到了一位名叫迪克森（Dixon）的人。史威登堡的行李先被搬上了船，由於他的住處離港口有段距離，我們便在港口附近的 家旅館租了客房，船長會在早上過來接他。

史威登堡就寢後，我和旅館老闆坐在另一個房間裡聊天，卻聽到了一種不尋常的聲音，想不出那可能是什麼。

於是，我們走近一扇門，那裡有一個小窗口，可以看到史威登堡的房間。我們看到他高舉雙手，身體明顯在顫抖。他說了大約半小時的話，但我們聽不懂他在說什麼，只聽到他把手放下來的時候大聲說道：「我的上帝！」但我們聽不到他接下來說了什麼，之後他非常安靜地躺在床上。

我和旅館老闆進入他的房間，問他是否感到不適。他說：「沒有，我剛剛與天上的朋友長談，現在流了滿身大汗。」因為他的行李已經裝上船了，所以他請旅館老闆拿一件襯衫給他。然後他回到床上睡覺，直到清晨。

當船長前來接史威登堡時，我向他告別，祝他一路順風。然後我問船長，有沒有準備優質的必需補給品。他回答說，他帶了足夠航行所需的補給品。而史威登堡說：「我的朋友，我們不需要太多的量，因為在上帝的幫助下，一個星期後我們就會在下午兩點進入斯德哥爾摩港口。」事情的確如他預言的那樣發生了，迪克森告訴我說，一陣猛烈的大風加速了航程，風對船隻每次的轉向都很有利，他這一生中從沒遇過如此順利的航行。

* * *

史威登堡的住家環境

斯德哥爾摩建在許多小島上，位於莫拉湖（Lake Moelar）和波羅的海的交匯處。這些小島彼此之間，以及與大陸北方和南方之間，以十三座短橋相連。

在這些島上有皇宮、大教堂、銀行和其他公共建築。但大多數住宅都在大陸北郊，即諾馬爾姆（Norrmalm），以及南郊的索德馬爾姆（Sodermalm）。諾馬爾姆是在岸邊的斜坡上，而索德馬爾姆則是「升起於陡峭的懸崖上，白色的房屋美麗地掩映在樹蔭之中」。

在索德馬爾姆，史威登堡小小的斜屋頂住宅平房，靜靜地隱身於自家美麗的榆樹之間，有著小小的紅色馬廄和較大的黃色溫室。在庭院的東邊，留下約一英畝的空間給花園，正好面對著房子。

花園是這裡最引人注目的地方。有直線的邊緣小道，和兩條在中間以直角交叉的小徑。小徑的交叉處設置了一座鄉村風格的涼亭，有四扇門分別朝著四條路打開，並且可以摺疊收回房間的角落，當門打開時，就形成了一個八邊形。在這個涼亭的對面，將花園與街道隔開的高木板籬笆旁，又有一座涼亭，有三扇門分別朝著前方和兩側的路打開。在正面入口的對面出現了另一扇門，打開這扇門之後，可以看到另一座花園，就像剛剛走過的那座花園的倒影。位於西側中間的第三座涼亭，有一條小路通往整潔而幽靜的圖書館，那裡是史威登堡安靜寫作的地方——除了被友善的訪客打擾。

他為了讓訪客取樂而特別建造了涼亭，以及一個奇特的迷宮，他自己的樂趣則在果樹花園裡。在他來自荷蘭的信函和帳單中，提到了一些稀有的鱗莖、種子和植物，這些都是由他的通訊對象寄來的。在一本一七五〇年的舊年鑑中，記載了他栽培某個品種的報春花、石竹等植物的日期，以及它們開花的時間和他從中保存的種子。

* * *

史威登堡的生活起居

卡爾．羅伯桑對史威登堡的生活起居有以下的描述：

史威登堡住家的房間小而樸素，對他來說很舒適，雖然對其他人而言並非如此。

儘管他學識深厚，但他的書房裡除了希伯來文版和希臘文版的《聖經》之外，就沒有其他書了。

另外，還有他為自己的作品所做的索引，這樣一來，在參考不同段落時，他就不用再從頭查閱之前寫過的所有內容，省了很多麻煩。

史威登堡在工作時很少考慮日夜之分，沒有固定的工作或休息時間。他曾說：「當我想睡時，就會去睡覺。」他對僕人的要求很少，園丁的妻子只需要為他整理床鋪，並在他的前廳放一大罐水。他的家務安排得井井有條，他可以在書房裡自己煮咖啡。不管是白天還是晚上，他都喝很多咖啡，而且放很多糖。當他沒有被邀請外出時，晚餐只吃一個浸泡在煮滾的牛奶中的圓麵包，從不喝酒或濃烈的飲料，也不吃宵夜。但在社交場合中，他會隨興地吃飯，並適度享用一杯社交酒。

他書房裡的爐火從不熄滅，從秋天持續到整個冬季，直到春天。因為他總是需要沖泡咖啡，不加牛奶或奶油，況且他從不確定什麼時候睡覺，所以總是需要爐火。

他的臥房裡從來沒有火，當他睡覺時，會根據冬天的嚴寒程度蓋上三、四層羊毛毯。但我記得有一年的冬天非常嚴寒，冷到他不得不把床搬到書房裡。

他一醒來就會到書房去，那裡總是有尚有餘溫的炭火，他會把木柴加到燃燒的炭火上，然後放上一些樺樹皮。為了方便起見，他習慣買成捆的樺樹皮，這樣就能快速生火，然後坐下來寫作。

在他的客廳裡有一張大理石桌子，後來他把它送給了皇家礦務局；這個客廳整潔雅致，但很簡樸。

他在冬天穿的是一件馴鹿皮製的毛皮大衣，夏天則是一件睡袍；這兩件衣服都已經破舊，正如一個哲學家衣櫃裡會有的衣服。他的穿著簡單，但整潔。然而，當他準備外出時，家裡的人未必會提醒他，結果他在衣著上就會有一些遺漏或疏忽的地方。舉例來說，他會在一隻鞋子上用寶石鞋釦，而另一隻鞋子上的則是銀鞋釦——我曾在我父親家親眼見過這樣的例子，他被邀請去吃飯，結果發生這種事，把幾個年輕女孩逗得好開心，她們趁機取笑這位老紳士。

他說話的速度不快，因為他容易口吃，尤其是當他必須使用外國語言時。在外國語言中，他對法語、英語、荷蘭語、德語和義大利語都很瞭解；因為他曾多次在這些國家旅行。他說話慢條斯理，和他一起吃飯是一種樂趣，因為每當史威登堡發言時，其他聲音都會安靜下來。而他緩慢的說話方式，剛好能夠抑制好奇心強的在場人士的輕浮言論。

＊＊＊

面臨園丁夫妻的質疑

韋特貝格博士（Dr. Wetterbergh）寫了一本《阿塔法弗蘭》，其中有一則關於史威登堡家的園丁夫妻的故事，內容如下：

我們參觀過他在索德馬爾姆的房子。當時我只是個小孩，但仍然清楚地記得，就好像今天才發生一樣。

我的念頭十分強烈，我期待找到的這位神奇人物的住所，是一種介於教堂和墓穴之間的東西。但是他不在家；他從前居住的小屋位於一座大花園的後面，花園裡滿是漿果灌木和果樹。

這棟房子多麼簡單樸實啊！一點也不像我想像中《一千零一夜》裡的魔法城堡。我沒有找到那座城堡，而是一棟平房，裡面有幾個昏暗的房間。取代魔法矮人的，則是一位笑容可掬、很友善的嬌小女士，她走出來問我們是否想參觀評鑑委員史威登堡的房間。

當那位慈祥的老婦人得知我們與評鑑委員有遠親關係之後，她的話匣子就打開了，講了一個我從未在報章雜誌上看過的小故事，這個故事或許比其他任何事更能呈現史威登堡的特質。

那位嬌小的老婦人說：「人們往往還沒見到人就先下判斷，這差點讓我和丈夫安德森失去工作。」

我父親問：「怎麼會這樣？」

「你知道的，親愛的牧師，我們的許多朋友都對我說，『你不應該在史威登堡的家裡工作，因為他不是基督徒。』事實上，無論是過去還是現在，我們都非常尊敬我們的評鑑委員，但當我聽說他沒有能帶來祝福的信仰時，開始懷疑在他家裡幫傭是不是對的。這是一場艱困的掙扎，因為我對評鑑委員的尊敬就如同對我自己的父親；因此，許多個夜晚我都為了評鑑委員不是基督徒而哭泣，我祈禱他的靈魂能夠得救。我真的純粹由於悲傷而煩惱得生病了，我的朋友們堅持我應該離開這個不信基督的『異教徒』的家。最後，安德森注意到我不再進食或飲水，想知道原因，在他極力請求後，我把一切都告訴了他。」

老婦人重述了當年的情況：

有一天，那對園丁夫婦身穿節日的盛裝，進入史威登堡寧靜的書房。史威登堡用雙手托著頭，正專心研讀一本厚重的書籍。不尋常的聲響使他抬起頭望向門口。

善良的園丁夫婦站在那裡，儘管一週還沒結束，他們卻都穿著節日的服裝，對他鞠躬行禮。史威登堡那嚴肅卻又愉快的臉上，浮現出一絲探詢的微笑。

他問道：「安德森和瑪格麗特，怎麼穿得這麼正式？你們來做什麼？」

瑪格麗特沒有回答，反而開始哭泣。

史威登堡說：「你們心中有什麼顧慮，或是突然感到什麼困擾？那就坦白說出來，有上帝的幫助，一切都會好起來的。」

最後，老園丁說：「是的，我們也許不能再為評鑑委員服務，要離開了。」

史威登堡顯得很驚訝。「離開我！為什麼？」他用那種深邃、充滿友善的眼神看著他們，這眼神深深打動了他們的心

「說出來，你們心裡到底有什麼重擔？我知道你們都非常尊重我，不是嗎？」

「是的，在上帝面前確實如此。」他們齊聲回答。

史威登堡帶著微笑說：「那就說出來吧，這樣或許我們能解決問題。」

強烈的情緒給了婦人開口的勇氣，她也找到了表達想法的說詞，終於開始說：「大家說我們不應該再服侍您，因為您不是一個真正的基督徒。」

史威登堡平靜地說：「好吧，讓世界這麼認為吧。但你們為什麼會這麼想呢？」

「您看，您從來不去教堂；多年來，您從未進入聖瑪麗教堂。」

史威登堡嚴肅地回答說：「你們沒有讀過嗎？當兩、三個人奉主之名聚在一起，那裡就是祂的教會和集會地。你們認為造就了一個神聖之地的，是尖塔和銅製的屋頂嗎？你們認為基督教會除了對於心裡有它的人之外，對其他人來說也是神聖的嗎？你們認為是牆壁、風琴和講壇，構成了它的神聖嗎？」

「不，不；我很清楚這一點。」

「那麼，就在這裡，我們家裡，這個房間，涼亭裡，花園裡，無論是在空間與時間之內或之外的任何地方，無論是心中默想的還是口誦的祈禱，無論何處有感恩的聲音傳送給賜予一切美好之物的主，那裡就是祂的教會。所以，我住在這裡，遠離塵世。」

他們低下頭說：「但這不是世人的做法。」

史威登堡回答說：「世人的做法，我的朋友們？我猜世人的做法是基督教的，不是嗎？」

「是的，確實如此。」

「名義上是，但在精神與真理上並非如此。沒有行為的信仰，是死的信仰：一朵不綻放的花，只不過是無生命的塵埃；不活在人們的每一個行動中的信仰，是死的信仰——它根本就不是信仰。……在這個缺乏慈悲的世界中，你在哪裡看到慈悲呢？只要暴力仍然盛行並主宰世界，只要自私和貪婪迫害著人類，只要人間的幸福是我們努力追求的目標，那麼這個世界就不是基督教世界。但是，當人們隨時隨地認識到他們與上帝同在，並且受到祂的注視；當他們的每個行動都反映出祂永恆的愛和榜樣；當他們的目標的設定超越了時間的限制，而不是留在塵世之中——那時，人們才是真正的基督徒。……現在，我的朋友們，回顧那三十年，你們幾乎每天都用眼睛盯著我，那麼，請判斷是我還是其他人是基督徒。請自己判斷吧。我將自己交給你們去評斷，然後做你們認為對的事。」

他揮手示意他們退下，他們便離開了。然後，他安靜地彷彿什麼事都沒發生一樣，繼續他的閱讀。

隔天，他們再次穿著平日的衣服，站在主人面前，主人帶著友好的微笑問他們：

「那麼，你們審視得怎麼樣了？」

他們說：「評鑑委員主人，我們尋找與主所命令的不一致的任何一個字、任何一個行為，但我們一個也找不到。」

史威登堡說：「很好，但事情並不完全是這樣，我也曾經萌生過許多並非完全正直的想法和行為，然而我已盡力而為。就像一個孩子，一開始學習拼字，往往結結巴巴才能唸好。但只要他帶著愛心和歡笑去學習，努力做得更好，就會受到父親的愛。我也希望對我來說是這樣，至少我祈禱並希望如此。但你們會留下來和我在一起嗎？」

「是的，評鑑委員主人，直到我們死亡。」

「謝謝你們，我的朋友們，我知道會是這樣的。讓人們隨意評論我的學說，但你們要用我生活中的態度來評判它們：如果它們相符，那麼一切都是對的；但如果它們之間有絲毫不符，那麼兩者之中必定有一個是錯的。」

＊＊＊

與靈魂對談的情況

卡爾．羅伯桑提到，史威登堡從未生過病，除非遭受試煉的襲擊，但他經常有牙痛的困擾。有一次，羅伯桑看到史威登堡遇到這種情況，當時他抱怨嚴重的牙痛持續了好幾天。羅伯桑向他建議一種舒緩疼痛的常見療法，但史威登堡立刻回答說，他的牙痛不是由於患病的神經引起的，而是由誘惑他的偽善者從地獄大量湧入引起的。他們誘惑他，並透過對應關係造成疼痛，他說，他知道這種疼痛很快就會停止，徹底離開他。

另一次，羅伯桑引用了園丁妻子的話：

一天午餐過後，我進入史威登堡的房間，看到他的眼睛像一道明亮的火焰。我倒退一步，說：「老天啊，先生，你發生了什麼不尋常的事情？你的表情好奇怪。」

他回答說：「我看起來像什麼樣子？」

我把所看到的告訴他。

他回答說：「別害怕，上帝賜給我這雙眼睛，讓我看到這個世界上的靈魂。」這種現象很快就消失了，就像他所說的一樣。

她對羅伯桑說：「我知道當他與天上的靈魂交談時，他的臉上會出現愉快、平靜和滿足的表情，看到的人也會感到開心；但當他與邪惡的靈魂交談之後，往往會顯得悲傷。」

關於史威登堡受到的試煉，羅伯桑從園丁夫妻那裡收集了一些資訊。

他們說，史威登堡經常在房間裡大聲說話，當邪惡的靈魂與他同在時，他會感到憤怒。因為他們的房間離他的房間很近，所以他們能夠聽得很清楚。當有人問他為什麼晚上如此不得安寧時，他回答說，邪惡的靈魂被允許詆毀他，而他與他們談話，並且感到憤怒。

他經常會痛苦地大哭，大聲呼喊，向主祈禱道：「哦，主啊，幫助我！哦，我的神啊，不要離棄我！」當一切結束後，家裡的人問他哭泣的原因時，他說：「感謝上帝！現在已經過去了。你們不必為我擔心，因為無論什麼樣的事情發生在我身上，都是上帝所允許的，他不會讓我承受超出我所能忍受的試煉。」

有一次，在經過這麼激動的悲嘆之後，史威登堡躺下來，連續幾天幾夜都沒有從床上起來。這讓他家裡的人非常不安，他們談論者，推測他可能是因為某種巨大的驚嚇而死亡。他們考慮強行打開門，或是召集他的密友前來。最後，有人走到窗前，非常高興地看到他的主人仍然活著，因為他在床上轉身。隔天，史威登堡按鈴之後，園丁的妻子進來告訴他，她和丈夫對他的狀況感到擔憂。然後史威登堡擺出一副愉快的表情，說他正在康復中，什麼都不需要。

* * *

改過自新的主教

園丁的妻子向羅伯桑講述了以下逸事，突顯了史威登堡的道德勇氣，也展現了直言不諱的用處。

有一天，史威登堡的父親的繼任者哈倫尼厄斯主教（Bishop Halenius）來拜訪史威登堡，話題轉到了布道的本質上。

史威登堡對主教說：「你在布道中添加了一些虛構不實的事情。」主教聽到這話後，便叫在場的園丁退下，但史威登堡吩咐他留下。談話繼續進行，兩人翻閱希伯來文版和希臘文版的《聖經》，想找出與他們的主張相符的經文。這次會面的最後，是史威登堡責備了主教的貪婪和各種不公的行為。

史威登堡說：「地獄已經為你預備好了一個地方。」並補充道：「我預言你在幾個月之後將染上嚴重的疾病，那時上帝會試圖轉變你。如果你打開心扉，接受祂神聖的啟示，你的轉變就會發生。這種情況發生時，請寫信來索取我的神學著作，我會寄給你。」

幾個月之後，一位來自斯卡拉市和主教管轄區的官員前來拜訪史威登堡，在被問到哈倫尼厄斯主教時，他回答說：「他病得很重，不過現在已經康復，而且完全變成另一個人。他現在行善，廉潔正直，有時會將以前不當占有的財產，以三倍或四倍的價值歸還。」

哈倫尼厄斯主教從那時起直到去世，一直公開宣稱史威登堡的神學著作是上帝賜給人類的福祉中最珍貴的寶藏。

＊＊＊

年輕教士來訪

在斯德哥爾摩，經常有訪客前來尋求史威登堡的意見，以解決各種問題。儘管有各種階層的人頻繁造訪他，他從不單獨接待任何訪客，尤其是女性，總是會有一個僕人在場。他還要求訪客使用當地的語言，他說：「我希望有人能做為我的言行舉止的目擊證人，以防止所有可能的惡意言論和誹謗。」他很可能受過搬弄是非者的非議，而採取這種有效的方法來消弭任何無聊和惡意的閒言閒語，是審慎明智的。

尼古拉斯・柯林（Nicholas Collin）是位年輕的教士，他在這段時間拜訪過史威登堡，後來以輕鬆愉快的口吻講述了見面的過程，如下：

我在一七六五年搬到斯德哥爾摩，在那裡住了將近三年。當時，史威登堡成為首都裡的大眾極度關注的對象，他那與眾不同的性格成了人們討論的熱門話題。他住在南部郊區的家中，那裡環境優美、整潔合宜，有一座寬敞的花園和其他附屬設施，他常在家裡接待客人。他也經常出現在社交場合中參與私人聚會，因此，人們有充分的機會觀察他。我向幾個和他交談過的德高望重之士收集了許多資訊，因為當時我在塞爾西斯（Celsins）博士家中擔任私人教師，他是一位才華洋溢的紳士，後來成為斯堪尼亞（Scania）主教。他和常來家中的許多顯要人物都很了解史威登堡。

一七六六年的夏天，我到他家去。我向他自我介紹，並對我的恣意放肆表示歉意，向他保證這不是因為年輕人的自以為是。當時我二十歲，非常渴望與如此著名的人物交談，而他親切地接待了我。當時才剛到下午，按照瑞典的習慣，我們只喝了一杯咖啡，沒有吃東西；他也像一般愛沉思的人一樣，喜歡這種飲料。

我們聊了將近三個小時，主要是關於人類靈魂的本質，以及它們在不可見的世界中的狀態，我們也討論了各個心理學作家的主要理論，其中包括著名的烏普薩拉大學自然神學教授瓦勒里斯（Wallerius）博士的觀點。

他堅定地主張，他與亡者的靈魂有交流。

因此，我大膽地請他幫一個大忙，讓我和幾個月前辭世的哥哥見面，他是一位年輕的教士，並因虔誠、學識和美德而受人尊敬。他回答說，上帝基於善意和明理的目的，把靈界和我們分開，除非有充分的理由，否則不允許兩界交流，然後又問我的動機是什麼。我承認，除了滿足兄弟情感和渴望探索（對於嚴肅的理性來說）如此崇高和有趣的場面之外，我沒有其他動機。他回答說，我的動機是良好的，但不夠充分。不過，假如問題在於我的精神或世俗方面的某些重要事務的話，那他會向負責這些事情的天使請求許可。

最後一句話曾受到質疑，因為這不符合史威登堡的任何學說。

但科林先生表示，這不意味著崇拜天使，只是向他們提出請求，因為他們是受神指揮的代理人。

科林先生曾說：「史威登堡的身材略高於一般人，身形非常完美，站姿挺拔自如，溫和沉著的臉龐散發高貴的氣息。他很親切，平易近人，並且隨時樂意暢談關於兩個世界的話題。不過，無論在談話或寫作中，他都非常不習慣將自己的想法強加於他人，儘管他在敘述真相方面堅定不移。他從小就被認為在言行中表現出純潔和心智堅強的特質。」他相信「斯德哥爾摩的任何人都不敢懷疑，史威登堡與靈界有某種超自然的交流」。此外，他表示，這並不奇怪，「因為在那個時候，瑞典的許多博學之士相信，這個世界與不可見的世界之間存在偶爾的交流。」

＊＊＊

知名人士的死後去向

卡爾・羅伯桑曾提到：「斯德哥爾摩有一位牧師，他口若懸河及感人的講道方式總是使他的教堂坐滿聽眾。當他去世時，我問史威登堡，他是否受到賜福。他說：『這個人直接去了地獄，加入偽君子的群體。因為他只在講壇上才具有靈性思維，其他時候卻因自己的才華和在人世間取得的成功而顯得驕傲，他是一個自大的人。』他補充道：『在那裡，虛偽和詭詐的手段一點用都沒有；因為所有這些都會隨著死亡而消失，而人類會本能地顯露出自己是善良還是邪惡的。』我從經驗中知道，在他的所有著作中，沒有一句話會引人偏離上帝的旨意，並由此偏離對鄰人真誠的愛。然而，這之中包含了一個全新的學說，它與人們所信奉的主要宗教和所有教派相反，但在某個方面與它們是一致的，即幸福和痛苦取決於人在此世的生活。」

史威登堡在航程中經常拜訪駐點在丹麥赫爾辛格市（Elsinore）的瑞典領事拉林（M. Rahling），並在一次過境期間，在領事的宴席上認識了圖克森將軍（General Tuxen）。將軍問他，一個人要怎麼確定自己是否走上了救贖之路。史威登堡回答說：「這很容易，一個人只需要利用十誡來檢查自己和自己的思想。例如，他是否愛上帝和敬畏上帝；看到別人幸福，他是否感到快樂，並且不會嫉妒他們；當他受到別人的巨大傷害時，是否會被激怒並思考報復，然後是否改變了自己的想法，因為上帝說報復是神的事情，等等；那麼他便可以放心自己正在走向天堂。但若他發現自己受到相反的想法支配時，就可以知道自己正在走向地獄。」

這讓圖克森將軍也思考了自己及其他人，他問史威登堡，是否見過已於一七六六年過世的丹麥國王弗瑞德里克五世（Frederick V），並補充說，雖然國王有一些人性上的缺陷，但他還是希望國王過得幸福。

史威登堡說：「是的，我見過國王，他過得相當好。還有所有屬於奧登堡（Oldenburg）家族的國王，他們全都在一起。這與我們瑞典國王的情況不太相同，他們不是那麼幸福。」

然後，史威登堡告訴他，他所見過的靈魂中，沒有一個像一七六二年去世的俄羅斯伊莉莎白女皇那樣，在靈界中享有那麼輝煌的待遇。圖克森將軍對此表示驚訝，史威登堡繼續說道：「我還可以告訴你原因，這是很少有人想得到的。儘管她有許多缺點，但她的內心是善良的，而且她在疏於公務中仍有一定的關切。這讓她拖延了許多不時呈遞給她的文件，不去簽署，直到這些文件累積到她無法審查，而在部長的建議下被迫盡可能多簽署。如果她不情願地簽署了任何不正確的文件，就會進到祈禱室裡，跪下來懇求上帝的寬恕。」

＊＊＊

圖書館員的拜訪故事

一七六四年，斯德哥爾摩皇家圖書館館員格約韋爾（Gjröwell）去拜訪史威登堡，幫皇家圖書館索取他最近出版的作品。他對拜訪史威登堡的描述簡單而愉快：

我在斯德哥爾摩南部索德馬爾姆附近的花園裡遇到他，他身穿一件簡單的衣服，正在照料他的植物。他住的房子是木造的，很低矮，看起來像是一座花園小屋，它的窗戶也朝向花園。

他不認識我，也不知道我的任務，只是微笑說：「也許你想到花園裡散步。」

我回答說：「我希望有幸正式拜訪您，代表皇家圖書館向您索取最新的作品，這樣我們就可以完整地收集，特別是因為我們已經有了您留給皇家秘書威爾德（Wilde）的前幾部分作品。」

他回答說：「我非常樂意；而且，我原本就打算把它們送過去，因為我出版書籍的目的是為了讓它們被人知曉，並將它們交到知識分子手上。」

我感謝他的好意，然後他向我展示了作品，並和我一起在花園裡散步。

雖然他已經是老人家，白髮從假髮下散落出來，但他健步如飛，喜歡談天，說話時帶著一種愉快的神情。他的面容瘦削，愉快且帶著微笑。不久後，他開始談論起他的觀點，實際上，聽他談話是我的第二個目的。我急切地傾聽著，不質疑他的任何陳述，只是問一些問題，就好像是為了啟發我自己。

他所陳述的內容，和我經由提問而向他瞭解的內容，主要包括以下幾點：

他的神學教義體系，與其他基督徒一樣，所根據的是我們共同的啟示，即《聖經》，主要包括：因信稱義是一種有害的教義，而善行是令人變得更好和永遠過著幸福生活的方式。為了獲得行善的能力或力量，需要向唯一的上帝祈禱，而且人也必須努力自助，因為上帝不會強迫我們，也不會為了我們的信仰而施展奇蹟。至於其他方面，人必須在他被安排的地方生活，獲得學問，跟其他誠實和謙虛的人一樣，過著節制、虔誠的生活。

一七四四年五月，上帝向他彰顯自己，當時他在倫敦。直到那時之前，上帝一直在幫助他做準備；為了使他能夠接受新的啟示，便讓他具備對這個世界所有物理和道德力量的全面知識。

自那時起，他不斷地與上帝交流，從沒間斷過，他看到上帝就像太陽出現在自己眼前一樣。

他與天使和亡者的靈魂交談，知曉在另一個世界中所發生的一切，無論是在天堂還是在地獄；但他不知道未來。

他的使命在於將這新的光輝傳達給世界；願意接受的人就會收到。上主也將這個啟示賜給他，讓他可以傳達給別人；他以拉丁文宣揚此光輝，這是世界上最普及的語言。他獨自接受了這個啟示，這也是一份非常特殊的恩賜，他將它用在人類的啟蒙上。凡是不輕視這光輝、不抗拒這個啟示的人，皆會接受它。

他以完美的信念談論著這一切，還特別強調：「我看到且瞭解所有這一切，而不會受任何異象的支配，也不會成為狂熱者。但當我獨處時，我的靈魂彷彿離開身體，進入了另一個世界：不管從哪個方面來看，我在那裡都像在這裡一樣是可見的。當我想到要寫的事情和在寫作時，會感受到完美的靈感，那並不是我自己的想法，現在我很確定地知道，我所寫的是上帝實實在在的真理。」這裡的「靈感」指的並不是口述，也不是指《聖經》作者使用這一詞的意思，而是指理性的清晰啟示；這是確定的，因為史威登堡已經反覆教導過，這是主在今日唯一賜予的靈感類型。

＊＊＊

親切對待孩子的紳士

一八六九年，林雪坪（Linköping）的一位女士寫信給塔菲爾牧師，表示哈倫尼厄斯主教的女兒提到的經歷：

「一七六七年，當時她還是個小孩，和她的兄弟來到斯德哥爾摩，參加他們父親的葬禮。（葬禮之後的）某一天，孩子們被邀請去和其父親的一位朋友共進晚餐，這位朋友住在城鎮的南部。當他們沿著霍恩斯加坦（Hornsgatan，編註：在索德馬爾姆區內）往上走時，突然下了一場猛烈的大雨，他們躲進一棟房子的走廊裡避雨。這時，一位年長的紳士愉快地走向他們，並向他們表示歡迎。這位紳士就是伊曼紐·史威登堡。當時還只是個小男孩的哥哥向他走去，說明他們進入他的房子的原因，還說他們是哈倫尼厄斯主教的孩子。史威登堡打斷男孩的話，說道：『我已經知道了，因為你們的父親剛剛來找我，告訴我你們要來。』然後他請他們進入他的房間，聊了一個小時，直到雨停後，他們才繼續趕路。」

另一位年長的女士說：

「在她四歲時的某個星期天下午，她和父母從庫恩斯巴肯（Kungsbaken）散步到史威登堡在霍恩斯加坦的房子，想要參觀他的花園。這座花園開放給大眾參觀，但這位傑出人物不歡迎調皮的孩子。在花園的入口處，園丁告訴這家人，因為他們帶著小孩，所以不能進入。正在花園步道上的史威登堡，離他們有點遠，便向園丁喊著，要他打開大門，因為這個孩子經過嚴格的訓練，很聽話，不會造成任何損害。這個小女孩當時認為這句話很自然，因為她知道這是真的。但她長大後卻感到奇怪，史威登堡怎麼可能知道這一點，因為她的家人住在離此處很遠的城鎮北部，不會到南部去。」

＊＊＊

對於尋找親王的回覆

一七七一年，某位外交部長提出了一個問題，而史威登堡給了特殊且具啟發性的回答。故事如下：

「希望可以透過史威登堡先生，得知在一七四五年失蹤的薩克森－科堡－薩爾費爾德親王約翰·威廉（John William）的下落。目前沒有人知曉他的命運，關於他的年齡，或關於他本人的任何其他事情，也沒有人有相關資訊。」

史威登堡在回信中寫道：

「沒有人能夠找出關於這件事的任何消息，因為離世者本身不知道他們在這世上是怎麼死亡或消失的。對他們來說，死亡不是死亡，而是進入另一個生命並延續之前的生活。他們也完全相信並認為，根本沒有死亡。因此，如果有人被問及他們在這個世上生了什麼病，對他們來說，就好像被問及一件尚未發生的事一樣。此外，要遇到在二十七年前離世的人是很困難的；因為他們已經在某個社群中裡穩固地落腳了，我很難進入那裡。如果我把這個問題拿去問天使，他們根本就沒有這樣的知識。如果我把這個問題拿去問主，它又太過微不足道了。」

Part 3

史威登堡的重要著作與靈異世界觀

| 第 11 章 |

開啟《聖經》的奧秘

與另一個世界接觸的方式

史威登堡與另一個世界接觸的方式有許多種，他經常提到的是：

我看到了四種視界：第一種是睡眠中的視界，與白天一樣清晰，清晰到讓我覺得，如果這是睡眠，那麼清醒也必然是睡眠。第二種是閉著眼睛的視界，與睜開眼睛一樣清晰，並且呈現出更美麗和更令人愉悅的畫面。類似的視界也可能發生在睜開眼睛時，我有過兩、三次的經驗。第三種是在睜開眼睛的狀態下，此時呈現在眼前的是天堂中的事物，包括靈魂和其他東西。這是典型的視界，對我來說已經非常熟悉，但卻更加隱晦，它與一般人的普通想像完全不同。第四種是當人與身體分離，處在靈魂中時，此時他只會以為自己是清醒的，因為他擁有所有的感官享受，像是觸覺、聽覺和視覺，以及其他感官。這種視界超越了

清醒時的視界，因為它非常精緻。至於這第四種，我有幸得到過四、五次，而且的確是非常愉快。（《通靈日記》651-53）

這段文字是在他開始看到異象大約三年後寫的，此時他的靈性感官已經完全開啟，而且與身體分離的過程十分緩慢。在早些年的時候，他看見另一個世界時，幾乎完全是在睡夢中，或是在清醒時雙眼睜開而看見異象，但後者的視界比較模糊。在這三年中，他與另一個世界的全面交流不超過四到五次。

《札記》結束的時間在一七四七年二月，所闡述的註解一直延續到《耶利米書》，但是提到的《先知書》內容比《摩西書》少。自前一年的十一月之後，他幾乎沒寫什麼東西，因為他正在為自己製作一份《聖經》主題索引，並且也在他的《聖經》中寫下了大量的旁註。

在一七四七年結束《札記》後，他開始撰寫《通靈日記》，以更長的篇幅記錄了之前在《札記》裡提到的通靈體驗。

《通靈日記》從聖經索引的結尾開始，並且持續了十多年，但前半年的內容已經遺失，只能從作者的索引中尋得蛛絲馬跡。在塔菲爾博士的編輯下，以原始拉丁文出版，共九卷八開本，比《札記》的頁數還要多一些。其中字裡行間充滿了有趣的經驗和資訊。

雖然史威登堡沒有單獨出版《通靈日記》，但他從中挑選了許多說明性的段落，用於他感到有責任出版的作品，以闡明《聖經》及其教義的內容。雖然《通靈日記》不是為了出版而設計的，但有助於了解史威登堡為他的使命所做的進步和準備。他正在摸索著前進，他的眼睛被異象觸動，但他還沒有完全看清楚。他正在經歷試煉，以進行更深層次的淨化；他正在學習只依靠愛主的聖意而活。他感受到主的天使們在他周圍，並透過異象的呈現來接受他們的教導。但他還沒有與他們合而為一——以他們的視角看世界，並在主的愛之中分享他們盡善盡美的保護。他所寫的內容是正在準備的路途上，但還不具備應有的清晰度。

天國與天使

史威登堡的《聖經索引》中的一個旁註（日期為一七四七年八月七日）指出，那時他第一次透過狀態的改變，被引進「天國」。他告訴我們，整個天堂都是雙重的，分別是天國和靈國，一方面有著對主的愛，另一方面有著從主而來的智慧和對鄰人的愛。而且，這兩種心智的領域是不同的，其中一個可以開啟並決定一個人的狀態，而另一個則不能被開啟。作為一位哲學家，史威登堡不可避免地首先與靈國的天使有所聯繫。但為了理解那些處於天國之天使的狀態，以及《聖經》（他們獲得指引的來源）中的意義，他也需要被引導到這個領域裡——也就是說，他心智中的這個領域需要在某種程度上被開啟。

大約在此時，他在《通靈日記》裡提到了三種天使的等級：

> 第一種叫做天國的天使，他們直接由上帝彌賽亞透過愛來管理，對善和真理有極高的理解力；第二種叫做真實靈性的天使，他們透過天國的天使而受到上帝彌賽亞的間接管理；第三種叫做情感或善的天使，他們透過天國和靈性的天使，由上帝彌賽亞間接管理，因為他們並沒有足夠的才智和智慧，可以直接受祂的召喚而行動。其餘的被稱為靈魂，而且有數不盡的種類。天使根據他們的完美程度而晉升，因此可以分為上級和下級；或者他們從內在提升，因此可以分為內在、較內在和最內在。這些在雅各、以撒和亞伯拉罕的故事裡都有所呈現，還有《以賽亞書》中的埃及、亞述和以色列的故事也是。（《通靈日記》156）

協助史威登堡的天使是靈性等級的，他們不是直接被主管理，而是間接地被主管理，影響他們的不是主的愛和目的，而是主的智慧和方法。

在前一年的六月或七月，他開始在旁註中對《創世記》進行新的闡釋，預先說明幾年來，靈魂和天使一直在教導他關於另一個世界與真實信仰的教義，以及「構成了他們的靈魂和生命的《舊約》與《新約》的內在及較內在（或靈性）意義」。那時，他並沒有提到最內在或天國的意義。在將「創造」解釋為「重生」時，他的理解還不夠完整。

後來，他看到創造的工作，特別是描述與最古老的人一起重生的過程，他們沒有與生俱來的惡要重生，只有人類本性固有的弱點。這些重生的人成為在人間的天國類型，並在天堂成為天國的天使。

他告訴我們，最內在的天堂是神聖的，中間的天堂是靈性的，而較低或外部的天堂則是既神聖，也是靈性自然的。史威登堡是與這個神聖自然的天堂聯繫在一起的，而這種聯繫在某種程度上是永久的，他只有在特殊目的下，才能偶爾與最內層或真正的神聖天堂交流。

在上述日期的幾個月後，他說道：「在相當長的一段時間內，甚至有幾個星期，天國的靈魂與我同在。」（《通靈日記》1105）稍後，他談到來自較內在天堂的影響，說這種內在的喜悅與平靜超出了他所能承受的範圍，他不禁懷疑最內層天堂的天使是否是至善的，他們的影響是否就是聖靈。他們透過中間人回答說，他們並不是至善的，只有主是至善的。

當他透過思想詢問，此時此地是否有人被允許進入那個天堂時，似乎得到的答案是否定的，只有那些在地球上生活在最古老教會時代的人，以及現在來自其他星球的一些人才能進入。（《通靈日記》1198, 1200）

這似乎是他第一次認識到這個最內層的純真天堂，但他被允許去瞭解得更多，才能夠揭露《聖經》裡的內容：「（最）古老教會的子民在地球上生活的期間，會與天使交談，並與他們持續交流，因為對於他們來說，在外在事物上會呈現出內在對應的事物。」（《通靈日記》185，一七四七年八月二十八日）

「在上帝彌賽亞的《聖經》中，包括《舊約》和《新約》，發生了許多事情，這些事情顯得難以理解，是因為現代人類與最古老教會和後來的古代人完全不同。如果那些人活到現在，這些事情便可以從他們的經驗和啟示中得知，但現在，這些事情或許從他們在天堂的靈魂狀態中比較好理解。」（一七四七年九月十五日）

其他星球的靈魂

「就如之前提到的，（木星的）居民透過靈魂來交談，就像最古老教會的子民一樣，這可以從創世的歷史中看出（無論是與善或邪惡有關的）；因為在最古老的教會時代裡，言語和記憶不像現在這樣多，更多的是想像和思考。」（一七四八年一月二十六日）

史威登堡曾說過，所有靈魂在另一個生命中都會根據他們的喜好為自己做安排，而這些喜好是由他們對主的想法和感受所決定。

因此，當史威登堡能夠親自觀察最古老教會的人，他與木星的靈魂交流並不困難，因為他們的狀態在性質上是相同的。

這條道路就這樣開啟了，但主要目的是讓史威登堡從他們那裡學到，他們和我們一樣，都仰賴唯一的主——耶穌基督：

他們說他們崇拜天堂的唯一主，但沒有提到名字，只知道唯一的主支配著一切。他們在死後尋求並找到祂，那就是耶穌基督。當被問到是否知道唯一的主是人類時，他們回答說，他們知道祂是人，因為許多人曾經見過祂，祂以人的形象出

現，並教導他們真理，保護他們，還賜給那些相信祂的人永生。（一七四八年一月二十四日）

當我讀《約翰福音》第十七章時，來自那個星球的一些靈魂就在現場，他們聽到後感到驚訝，因為唯一的主變成了人類，曾經在地球上以另一個人的身分存在，但他們仍然說這一切都是神聖的。（一七四八年一月二十八日）

在這裡，我們看到與木星的靈魂進行交流的用處，他們能夠聽取福音並瞭解他們唯一的主；他們知道祂是人類，如何降臨世界、誕生，並在十字架上受難，以拯救人類。對於史威登堡來說，這種交流的用處是非常重要的。

兩年前，他在第一部神學著作中，對主的常用詞是「獨生子」。過不久，他發現《聖經》和另一個世界的一切都仰賴主，於是他採用了「上帝彌賽亞」（God Messiah）這個詞，並在與木星的靈魂會面之前不斷使用這個詞，但偶爾會提到天父。現在，當他聽到他們談論唯一的主，並感覺到他的上帝彌賽亞被承認為宇宙的唯一主，無論是由於這個原因還是巧合，他放棄了這個詞，從此只談論主。

關於這件事，日期為一七四八年九月二十三日的內容特別引人注目：

當我在寫有關水星的靈魂時，他們被允諾了這種知識，而且讓他們看到了太陽的影像，但他們說那不是主，因為他們沒有看到臉。

當有些靈魂談論到這一點時，我不知道他們在說些什麼——然後主以太陽的形象現身，祂在光芒中彷彿被太陽的光環所包圍。

水星的靈魂深感謙卑，於是跪下，並在卑微的渴望中向祂致意。不久之後，地球上的靈魂，以及世界上看過祂的人，都看到了祂的出現。他們一個接一個地供認，直到有許多人都宣稱祂是世界上的主，並且出現在整個人群的面前。

隨後，木星居民的靈魂也看到了祂，他們大聲宣稱祂就是他們所看到的那個人，因為在那個星球上，祂偶爾會出現在人們眼前。

神的本質

一七四八年一月三十日，史威登堡寫道：「當時我躺在床上，還沒入睡前，我聽到了來自天堂的歌聲圍繞著我，這是來自內在天堂許多天使的歌聲。……有人告訴我，整個天堂就像這樣地不斷讚美主，用這樣的方式來榮耀祂。這樣的讚美是持續不斷的，我也能夠從這件事裡推斷出來，每當我以某種沉默的節奏呼吸時，我就在跟隨那些以同樣節奏唱歌的人，就像在大合唱中一樣：從這一點我可以知道，這樣的榮耀是永恆的。」

此外，他在這種讚美的氛圍中待了半天或更長的時間，當他的思緒從這個氛圍中降到一些世俗的想法時，對天使們來說，就像是他在遠離他們，或是迷失在一片雲裡。關於他以前對三位一體的看法，我們在《真實的基督教教義》中找到了答案。

有一次從睡夢中醒來，我陷入了對上帝的沉思之中。當我往上看時，看見上方有一個白色的橢圓形東西，那是由天上一道明亮的白光形成的。當我專注地凝視著它時，光芒逐漸退去，並從四周消失。看吶！天堂的門向我敞開，我看到了壯麗的景象，和站在開口南側排成一圈的天使。他們正在互相交談；由於我渴望聽到他們在說什麼，所以我先聽到了他們說話的聲音，那充滿了天上的愛，然後我聽到了對話的內容，其中充滿了來自那愛中的智慧。他們正在討論關於唯一的上帝，以及與祂的聯繫和由此而來的救贖。

他們談論了一些無法形容的事情，這些事情大多不能用任何自然的語言來表達。我有時曾與那個天堂的天使在一起，當時我們使用的是類似的語言，因為目前的我處於類似的狀態，所以我現在能夠理解他們，並從他們的對話中聽到一些可以用自然的語言來表達的事情。

他們說，神的本質是一體的，是相同的，是自身，是不可分割的。他們用靈性的觀念來解釋這一點，說神的本質不能分為幾個部分，因為每個部分都具有神的本質，但這些本質是一體的，是相同的，是自身，是不可分割的。要是神的本質能分為幾個部分的話，那麼每個人除了從自己本質的角度來單獨思考，同時也從他人本質的角度來一起思考，就會有幾個一致的神，而不是一個神。就一致性來說，因為它是幾個人的同意，同時也是每個人從自己內心和自己角度的同意，這並不符合上帝的一體性，而是與多元性相符——他們沒有說「眾神」，因為他們無法這樣說；他們思想來源的天堂光明，以及包圍著他們言語的靈氣，扼止了這樣的說法。他們還說，當他們想要說出「上帝」，並且每個單獨的天使都想努力說出時，這種努力會立即融合成一體，甚至會說「唯一的上帝」。

他們補充說，神的本質在其本質上就是如此，而不是出於其自身；因為出於其自身意味著本身的存在來自於先前的另一個——這樣就是假定上帝是出自於另一個上帝，但這是不可能的。從上帝而來的不被稱為上帝，而是被稱為神聖的。因為，什麼是「來自於上帝的上帝」，什麼是「自永恆的上帝出生而來的上帝」，以及什麼是「透過出生自永恆的上帝而來的上帝」，都只是一些空洞的話，其中沒有來自天堂光明的任何東西。

他們進一步表示，神的本質（它本身就是上帝）是相同的，不是同樣簡單，而是無限的——也就是從永恆到永恆都是相同的。它在每個地方都相同，對每個人而言都相同，在每個人身上都相同，一切的變數和變化都在接受者身上，視他的狀態而定。神的本質（它本身就是上帝）就是它自己，可以這樣解釋：上帝是「祂本身」，因為祂本身就是愛和智慧，或者因為祂本身就是善和真理，因此，祂本身就是生命。除非這些是上帝「祂本身」，否則它們不會存在於天堂和世界中，因為相對於「祂本身」，它們並不存在。每一種特質都源自於此，「祂本身」便是一切的源頭，這樣所有的一切才能存在。

這個「祂本身」，即神的本質，不是存在於某個地方，而是隨著那些在特定地方的人，根據他們的感受而存在。因為愛和智慧，善和真理，以及由此而來的生命，它們都是上帝「祂本身」，上帝本身也不可歸於某個地方，亦不在從某個地方到另一個地方的過程中，因此祂無所不在。

所以，主說祂在祂的門徒當中，說祂在他們裡面，他們也在祂裡面。但因為沒有人能感受到在本質中的上帝，所以祂將自己的本質顯現為像是在天使天堂之上的太陽，從太陽發出的光是祂的智慧，即祂本身，而從太陽發出的熱是祂的愛，即祂本身。祂本身並非那太陽，而是直接散發自祂本身的神聖愛和神聖智慧，環繞在祂周圍，以太陽的模樣出現在天使面前。

祂本身就是太陽中的人，是我們的主耶穌基督，具備神性，也是神性之人；因為是愛和智慧的「祂本身」，是來自天父的靈魂，因此是具神性的生命，即生命本身。但在人類身上的情況並非如此，靈魂並非生命，而是生命的接受者。

關於這一點，主教導說：「我就是道路、真理和生命。」又說：「因為父怎樣在自己有生命，就賜給他兒子也照樣在自己有生命。」（《約翰福音》5:26）。在自己裡面有生命的是神。他們還補充說，那些處於任何靈性光明中的人都能從中感知到神的本質，因為它是一體、是同一個、是自身，因此不可分割，不能分成好幾個；如果說它是被賦予的，那些稱謂之間便顯得矛盾。

當我聆聽這些事情時，天使們察覺到我心中對基督教會關於三位一體的觀念，以及關於上帝的三位一體中的一體性，以及上帝之子從永恆中誕生的看法。然後，他們說：「你在想什麼？難道你不是用自然之光思考？所以才會與我們的性靈之光不一致嗎？除非你放棄這種思想，否則我們必須關閉天堂，並且離開。」但我回答說：「請進一步深入我的思想，也許你會看到一致之處。」

於是，他們便這樣做，看到我所理解的三位人格是指三個神聖的活動特質，即創造、救贖和重生，而這些特質都屬於唯一的上帝；我所理解的上帝之子從永恆中誕生，指的是從永恆中預見並在時間上安排好的誕生，我並不認為這是超乎自然和理性的現象，而是認為上帝之子出自於祂，並從永恆中誕生。另一方面，由處女瑪利亞在被安排好的時間生下的上帝之子，是上帝唯一的兒子，是獨生子；要是在這方面抱持其他想法，便是一個巨大的錯誤。然後我告訴他們，我對三位一體以及上帝之子從永恆中誕生的自然想法，都是來自教會的教義，這教義以亞他那修斯（Athanasius）的名字命名。

然後天使們說：「很好。」他們要求我口傳他們之言：如果有人不信奉天地間至高的神，他就不能進入天堂，因為天堂就是由唯一的神所構成的；而這個神就是耶穌基督，是永恆的主耶和華、創造者、及時的救贖者、永恆的重生者；因此，他同時是父、子和聖靈；這就是應該傳揚的福音。

於是，之前在開口處看到的天堂之光又回來了，逐漸降落，填滿了我心靈的深處，啟發了我對三位一體和上帝的一體性的觀念。然後，我看到我先入為主的想法，就像在簸穀機下糠與麥子自然地分開似的，被風吹送到天堂北邊並隨之飄散。（《真實的基督教教義》25, 26）

遺憾的是，我們無法確定這次異象的日期。這份報告於一七六六年首次出版，收錄在《啟示錄揭秘》中，但這個異象無疑是在許多年之前就發生了。

史威登堡在所有的神學和靈性著作中，每一句話都是為了呈現與其主題相關的內容而寫下的。

他不在書中寫自己的事，而是完全專注在重大主題上，以便將神聖的天意傳授給未來的世代。

出版《天國的奧秘》等書

大約在一七四九年中期，史威登堡首次以神學家的身分登場，出版了《天國的奧秘》第一卷。在一七五〇年初，他的出版商——位於倫敦帕特諾斯特羅（Paternoster Row）的約翰·路易斯（John Lewis），宣布用連載的方式以英文和拉丁文發行第二卷。該作品一直連載到一七五六年，完成時足足有八冊大四開本。

出版商在一則廣告中聲明，雖然「被堅決地禁止透露作者的名字，但他希望因提及作者的仁慈和慷慨特質，而換得大眾的諒解」。他指出：「這位先生用整整一年的時間來研究和撰寫《天國的奧秘》第一卷，花了兩百英鎊印刷，並為第二卷的印刷費預付了兩百英鎊。在完成這些工作之後，他明確吩咐所有銷售收益的款項都應用於傳播福音。他從不希望從自己的付出中獲利，甚至不會收回他已花費的四百英鎊的任何一分錢。因此，他的作品對大眾來說相當便宜。」

在完成《天國的奧秘》之後，史威登堡的筆仍然不停歇。一七五八年，他在倫敦發表了五部作品：1.《最後的審判與巴比倫的毀滅》：敘述《啟示錄》中的所有預言如今都已經實現；所述皆為其所見與所聞。2.《關於天堂與地獄，以及天堂之美好》：描繪其所見與所聞。3.《啟示錄中提到的白馬》。4.《我們太陽系和天堂裡的行星》：關於行星上的居民、靈魂和天使的描述。5.《新耶路撒冷教會及其神聖教義》：這是來自上天的啟示。

真實的基督教教義

在一七七一年初，史威登堡出版了《真實的基督教教義》，又名《新教的普世神學》。同年八月，他登船離開阿姆斯特丹，前往倫敦。

《真實的基督教教義》是史威登堡最後出版的著作，可以被視為他的靈性思想、神學心血以及給人類的天國信息的總結。它的英文第九版是一冊八百一十五頁的八開本，包含了完整的神學體系。它分為十五章；討論路德、加爾文和墨蘭頓（Melanethon）、荷蘭人、英國人、德國人、天主教徒、羅馬聖徒、穆斯林和非洲人在精神世界裡的狀態的補遺；以及七十七個關於在那個世界中所目睹的情境和畫面的難忘故事，這些故事分布在各個章節之間；總體在文學上形成了一部無論在古代或現代都是獨一無二的書卷。

他在書中提到了一次非常有趣的討論；他應邀參加另一個世界的一次集會，一起討論三個主題，其一：「上帝的形像是什麼？人是依照上帝的模樣去創造出來的，那麼上帝的模樣又是什麼？」其二：「為什麼人不是出生於任何愛的科學中，而動物和鳥類，無論高貴還是卑賤，都出生於它們所有愛的科學中？」第三個問題和生命之樹有關，此處不做介紹。

對於第一個問題的結論，簡言之就是，人根據神的恩賜而變成神的形像。而人變成神的模樣，是因為他在自己的身上感受到，來自神的東西在他身上如同屬於他自己一樣，然而，這麼多的相似性所反映出來的是，承認他身上的一切並不是真正屬於他，而是全然屬於神。

第二個問題的結論是：「人出生時並沒有掌握任何科學，是為了讓他能夠擁有所有的科學，並且發展出才智，進而透過才智增長智慧。人出生時，並沒有掌握任何的愛，是為了讓他能夠運用才智來擁有所有的愛，並透過對鄰人的愛來擁有對上帝的愛，從而與上帝結合，經由這種方式成為一個人，並且長生不死。」

這段文字完美地呈現了，史威登堡的心靈是如何一步步透過理性和才智而增長出智慧的。他在運用理性的過程中，開始意識到與神的目的產生共鳴所帶來的，是從高處的視角鳥瞰的巨大優勢。

| 第 12 章 |

最後的審判

對於史威登堡作品的讀者來說，沒有什麼比他斷言「最後的審判已經過去了」更加奇特，而且審判就發生在一七五七年。

《最後的審判》只是一本小冊子，卻有力且高明地闡釋了《啟示錄》中教會終結和新天堂、新人間的本質。

最後的審判日不代表世界的毀滅

首先，它指出，最後的審判日並不意味著世界的毀滅，因為可見的天堂和人類居住的地球都不會滅亡，兩者都將永遠存在。原因是，天使的天堂是由人類形成的，所有的天使都曾經過著人類的生活，沒有一位是被直接創造出來的。由於天堂的完美將隨著世人重生數量的增加而增加，直到永遠，因此地球永遠不會停止存在，人類也會繼續在地球上生活和誕生。世界就是天堂的發源地，天堂仰賴世界的生長、增加和完善。沒有世界，天堂就無法存在。

天堂是由人類形成，地獄也是如此；所有的惡魔和撒旦曾經都是這個地球或其他某個星球上的人類。「但屬靈的不在先，屬血氣的在先」（出自《格林多前書》15:46）。可以看得出來，這些教義與所謂的正統觀點相牴觸。

正統觀點教導的是，天使被創造於世界出現之前，而在最後的審判來臨之前，沒有人能夠進入天堂或地獄；到那時，人的靈魂回歸軀體，可見的世界被焚毀；太陽和月亮在自然的黑夜中熄滅；每一顆被包圍在其所屬星系之內的星星，先是落在這個渺小的地球上，然後被抹滅。

這些普遍存在但粗糙且不符合《聖經》的想法，為懷疑者提供了嘲笑基督教最理想的材料。

因為懷疑者耀武揚威地問道：這麼廣大的天堂，如此眾多的星辰、太陽和月亮，怎能被摧毀和消失？星星怎麼能從天上墜落到地球上，因為它們比地球還要大？人的肉身被蟲子啃食，腐爛消失，隨風飄散，被植物吸收，再次融入其他人的身體，怎麼能重新收集起來讓靈魂歸位？這是什麼審判日？人類不是盼望了好幾個世代，但它都沒出現嗎？

還有許多其他類似的問題，都十分中肯，但教會無法給出合理的答案。

最後的審判發生在靈界

史威登堡在《最後的審判》中的主要論據是，它發生在靈界，那是所有人死後聚集的地方。每當有教會走向終結時（也就是說，當教會的慈善和信仰都灰飛煙滅，所剩下的只是虛空的形式時），在靈界就會進行一次審判。猶太教會結束時進行過一次審判，為了證實這一點，我們只需翻閱《約翰福音》（12:31），耶穌說：「現在這世界受審判，這世界的王要被趕出去。」我們都知道那個時候在自然世界中看不到審判，一切一如既往。然而，我們從主的口中得知，的確進行過一次審判。

認為「人的靈魂是獨立存在的，除了外在的客觀力量，不受到任何影響」，這是一個極大的錯誤。我們想問，誰曾見過一個物質微粒是獨立於引力定律之外的呢？那種將它與相似物質緊密聯繫在一起的因素，形成一種堅不可摧的連結，就像它自身的存在一樣。人的靈魂也是如此，沒有人能獨立於靈性的交流而生活。

就算把一個人放在某個遙遠而荒涼的島嶼上，他也不孤單，因為在他靈魂周圍的是早他一步離開這個世界的靈魂，他們像他一樣有愛、會思考。人類的心靈和靈魂是最為密切和緊密相連的，因為在心靈的宇宙中，正如在物質的宇宙中一樣，不存在孤立和獨立。有什麼比這樣的學說更具哲學意義呢？物質的定律反映了靈性的定律；在每一個細節中都存在著完美的對應。正如物質無處不與物質相連，牢固地結合在一起一樣，人的心靈也應當被視為一個由愛和情感聯繫在一起的宇宙微粒。在仔細思考這個主題時，我們必須記住，靈魂對於物質空間一無所知。

教會的衰退

教會自從使徒時代（編註：相傳西元三十三年到約一〇〇年間，有十二位使徒負責傳教）以來一直在衰退，人們放棄了福音的純潔精神，試圖用那些出自己含糊的理解所形成的教義和信條，來掩蓋生活中的惡行。羅馬教宗制度興起了，在黑暗時代的一片混沌中制定了可怕的假設，還以至高之神的名義將其罪行神聖化，而這是褻瀆的行為。

宗教改革是蠟燭即將熄滅之前最後閃爍的光芒，它確實確立了自由思想，但在最高目標上失敗了；在「因信稱義」的錯誤教義中，泯滅了人們的良知，撲滅了追求靈性生活的一切熱情。最後且最糟糕的是，無神論抬頭，公然地彰顯自我；然而，公然承認的那一部分與藏在教會外衣下的情況相比，簡直微不足道。

到了十八世紀中葉，基督教世界已經墮落到最低點；任何想要驗證史威登堡此一斷言的人，只需要翻閱當時的歷史和文學作品，不難觀察到，自私、對所有純潔和靈性事物的否定和嘲笑、粗野的無知、淫亂和放縱等，把人性降格到最卑劣的境地。到那時，他會理解在靈界中善良者的呼聲：「主啊，聖潔而真實的主，到何時你才要進行審判，為我們生活在地球上的人平反呢？」

值得注意的是，主降臨時對猶太教會進行審判，從那時候起，數以萬計充滿邪惡和虛偽的靈魂湧入靈界，也有聚集在凡間人類四周的靈魂，像厚厚的雲一樣擋在人類和天堂之間。大家根據自己靈性的性質形成社群，改革教會位於中央，羅馬天主教徒環繞於其四周，伊斯蘭教徒處於更外圈，至於最外圍、最大的圓周上，則散布著各種異教徒民族；而在所有這些之外，還有一片做為邊界的海。

在史威登堡的著作中，有著對這些社會狀態最生動的描繪；在《啟示錄》之外，我們找不到一部更能徹底揭露羅馬教廷神職人員內在的無神論、褻瀆和詭計的作品。但終結的時刻已經來臨，世界渴望得到解救，而史威登堡有幸見證這偉大救贖的過程。

《啟示錄》的第一個天堂

由這些靈魂組成的龐大群體形成了社群，此即《啟示錄》所指的第一個天堂和消失的第一個地球。史威登堡描述這些社群解散的方式：「天使進行探訪並發出警告，善人被天國的執事挑選出來，這與主的話一致：『祂要差遣天使，把他的選民，從四方（風），從地極直到天邊，都招聚了來』還有，『萬民都要聚集在祂面前；祂要把他們分別出來，就好像牧人分別綿羊和山羊一般，把綿羊安置在右邊，山羊在左邊。』」接著便是毀滅，發生了強烈的地震和猛烈的風暴，席捲一切。然後，地面裂開成深淵，海洋浮現，惡人墜入其中，被拖至地獄。「然後，」史威登堡說：「我看見一大群天使般的靈魂從下方升起，進入天堂。他們是被主保護和看守的羊，他們在《聖經》中被稱為聖徒的身體，這些聖徒從墳墓裡升起，然後進入聖城；還有為了見證耶穌而被殺害之人的靈魂；以及那些參與第一次復活的人。」

「在這之後，天堂充滿了歡樂，靈界出現了前所未有的光明；隔絕天堂與人類之間的雲霧消散，同樣的光明也照耀在世人身上，帶給他們新的啟發。」

這就是最後的審判。它的百年紀念日即將到來，而這個即將結束的世紀對人類來說是多麼豐富的一個世紀！那些講述過去一百年間世界進步的陳腔濫調，無需再重複，因為每份報紙都在談論，每個睜開雙眼的人都在觀察，「世界正在不斷前進和提升」已經成為普遍的看法。然而，了解世界為什麼以這種方式前進的人卻少之又少。

人們尚需學會，在心靈宇宙中，結果不會在沒有充分原因的情況下發生，這和物質宇宙的道理是一樣的。除了史威登堡的作品，我們找不到任何其他描述是關於改變社會並顛覆整個世界的靈性原因。從這個時代令人讚歎的進步中，從它日益增長的慈愛、不斷提升的智慧和思慮中，以及從科學和藝術等各個領域的驚人進展中，我們可以看到種種跡象都在表明，過去的事物已經過去，主正在創造一切新的事物。

| 第 13 章 |

天堂與地獄

《天堂與地獄》是史威登堡最引人入勝的作品之一，它所探討的主題具有廣大的吸引力；因為，那些信仰永生的人，都渴望深入探究那看不見的世界中令人敬畏的奧秘。

人類深陷於世俗的愛和憂慮，否定並嘲笑一切非感官可感知的目標。因此，主對門徒說：「我還有好些事要告訴你們，但你們現在擔當不了。」（《約翰福音》16:12）我們經常在自己的經驗中，看到這種對靈性和神聖事物的無法「擔當」。我們將史威登堡的論文提供給一些充滿自信、對宇宙的法則和事實瞭若指掌的科學家，或是提供給博學的神學家。標題頁上只要寫著「天堂極其奧妙，靈性世界和地獄；述說所見所聞之事」就夠了。許多人都宣稱自己是基督徒，相信天堂和地獄，但是，他們對史威登堡的譴責正洩露心中潛藏的不信。如果他們堅定地相信天堂和地獄的存在，那麼，當有人在這個時代透露了與其本質有關的一些資訊時，他們就不應該覺得十分荒謬。

天堂裡的國度與特性

靈性世界分為三大區域——天堂、靈界和地獄。

天堂是由所有曾經生活在地球上、愛主，並按照其法則生活的人所組成的。在所有國家，即使是在異教徒當中，或多或少都知道靈性生活的法則。即使是最低層次的異教徒，也有一些微弱的靈性真理光芒；如果他們遵循這些真理而生活，就能實現靈魂的重生，進而到達天堂。然而，天堂有不同層次的喜樂，各種性格的善良之人都能夠進入其中。但是，不同性格的混雜交流是沒有秩序的，也無法帶來喜樂。

根據靈性引力法則（自然引力法則的一種衍生），所有具有相似情感和智慧的人會被吸引在一起，並且在最喜悅的和諧中調和。種類變化多端的天堂，在大體上分為兩個國度，並按照特性分為三個天堂，再按細項分為無數社群。

這兩個國度分別叫做「天國」和「靈國」。組成天國的天使，其特徵是對主和善具有無比的愛；形成靈國的天使，其特性是對鄰人和真理擁有無盡的愛。天國的天使遠比靈國的天使聰明，他們的喜樂是難以形容的。

從特性上來看，有三個完全不同的天堂，分別是第一天堂、第二天堂或中間天堂，以及第三天堂或最高天堂；或者可稱為外層、內層和最內層；或者是自然、靈性和神聖的。在這三個天堂之中，第三天堂與第一天堂的內部組成了天國；而第二天堂與第一天堂的外層形成了靈國。這三個天堂和兩個國度，源於人類心靈的多樣性，並非任意的劃分。

外層、第一或自然天堂，是由那些基於順從和義務，遵從天意而生活的人所組成的。第二、靈性或中間天堂，是由熱愛真理、喜愛知識，同時對鄰人具有無私之愛的人所組成的。最內層、第三或神聖天堂，是由對主充滿愛意，且秉性純真的人所組成的。這些天國的天使擁有最高的智慧，心中平和，充滿謙卑，在美和智慧方面遠遠地超越了所有人。

猶太教聖殿的庭院，正象徵著這三個天堂的存在和秩序。著名的奧伯倫（Oberlin）是愛戴史威登堡的勤勉讀者，他在教會的牆上懸掛了聖殿庭院的平面圖，以便教導聽眾，根據他們的謙卑、虔誠、忠貞和互助之愛，他們在主的國度裡將晉升到第一、第二或第三天堂。我們認為，內心秉持神聖原則（即對主和鄰人的「愛」）的人；在任何情況下對義務的「喜悅」；在任何變化中的「平和」；在所有挑釁下的「忍耐」；行為上的「仁慈」；在善行中始終表現出來的「良善」性格；被相信、被愛，從而被信任的「信仰」或真理；在行動和苦難中的「溫柔」；外在和內在愉悅中的「節制」，如《加拉太書》（5:22）中所述，每個人都是心甘情願地生活在史威登堡所描述的天堂裡。

這三個天堂進一步細分為無數社群，有些較小，有些較大；有的由無數天使組成，有的由數百位天使組成。他們由於性格相似而結成社群，而這種相似性反映在他們的臉孔上。在組成同一社群的天使之間，可以觀察到相貌上普遍的相似之處。所有擁有相似之愛的人彼此認識，就像世界上的人們認識他們的家屬、親戚和朋友一樣；因此，他們自然而然地形成了社群，感到如同在家一般地自在，從而生活中充滿喜悅。

由此可見，差異很大的天使之間相隔甚遠；而很少有天使離開自己的社群而進入其他社群，因為離開自己的社群就像離開自己，或是離開自己的生活，進入另一個沒那麼愉快的生活。然而，天堂中所有社群都以一種完美的形式相連結，這種形式是十分人性化的。

天使的形態

所有的天使都具備人的形態，就如同在地球上的男人和女人一樣，唯一的區別在於他們已經拋棄了物質的身軀。我們常常聽到亡者被形容為陰影，被想像成沒有軀殼的心靈，或只不過是由某種縹緲的幻想所形成的思考原理。當藝術家畫出他們時，我們也許會看到一個極其美麗的人體形態，卻被一對巨大的羽翼所毀壞，因為人體根本於沒有適當的肌肉去拉動那些羽翼。

我們在《聖經》裡找不到這些模糊、虛幻和錯誤的想法。亞伯拉罕、羅得、瑪挪亞、先知和主的門徒所看到的天使，都是以人的形象出現，交談也如常人。史威登堡在這個主題上明確地寫道：「天使的外形在各方面都很人性化；天使有臉、眼、耳、胸、臂、手和腳；他們看得見、聽得到，並互相交談。總而言之，除了自然的軀體之外，他們不缺乏人的任何外在特徵。」

天堂的每一個社群都是以人的形式存在，而且以總體來看，整個天堂也是以人的形式存在；史威登堡稱之為巨人。

威爾金森對這個崇高的真理有很好的闡釋，他說：「天堂是至高無上的人，更甚者，它就是一個人。正如人是由身體的各部位組成的，在上帝面前，所有善良的人組成了一個人：每一個天使社群都是一個小型的天堂人，每一位天使是一個最小的天堂人。原因在於，上帝本身（主耶穌基督）是神聖的人，祂以自己的形象和模樣來塑造天堂，就像他創造了亞當一樣。」

「天堂的完整性來自於上帝的一體性：其人性來自上帝的人性。因此，天堂擁有一個人的所有成分、器官和內臟；它的天使居民，每一個都在巨人的某個部位。無數的我們都是巨人的一根纖維，有的在大腦，有的在肺部，有的在心臟，有的在腹部，有的在腿和手臂；而所有的人，不管是在巨人身上的哪一個部位，都在履行與他們相對應的身體部位的靈性職務。他們共同合作，無論彼此相隔多遠，都像是一個人身上的不同部分。空間只不過是他們自由活動的地方，而他們藉著與上帝的結合，能比我們肉體中相鄰的纖維，更密切地接觸到人的原子。」

天堂的生活

天堂裡的每個社群每天都在增長，而且會隨著增長而變得更加完美；社群的完美也令整個天堂更加完美，因為天堂是由社群組成的。天使數量的增加會使天堂變得更加完美。因此，天堂永遠不會關閉，因為它愈大愈滿，就愈完美。因此，天使最渴望的，莫過於接納新來者。

天堂的神聖榮耀和喜悅之事變得太過神秘，以至於失去吸引力，不再令人嚮往，這難道不令人遺憾嗎？除了教會對救世主和主的人性、一體性與神性的無知之外，它無法回答天堂生活性質這種最簡單的小問題，更足以證明它已經走到盡頭。我們要感謝，人類在這方面最深切的需求，在史威登堡的相關著作中得到了滿足；史威登堡是上天指定的使者。

天堂的太陽就是主，天堂的光輝是神聖的真理，而它的熱是神聖的愛，兩者都是從同時為太陽的主所散發出來的。在天堂裡看不見這個世界的太陽，自然環境起源於這個世界的太陽，由它產生且靠它而持續存在的所有東西，都是自然之物。但靈性世界裡的天堂則截然不同，它超越於自然之上；不過，自然是由靈性衍生而來，是透過相似處的聯繫來與靈魂交流。

天堂的太陽（也可以說是環繞著主的榮耀的那片神聖領域，就如《提摩太前書》〔6:16〕中所說的「人所不能接近的光」），在天使的眼中，會根據他們的愛和智慧狀態，呈現出不同的樣子。就第三天堂的天使而言，太陽呈現出火熱而熾烈的樣子；對於第二天堂的天使來說，太陽看起來又白又亮；而對於第一天堂的天使來說，其光芒較為柔和，並且被雲層遮蔽，不過它偶爾會突然變得光亮熾熱，將壯麗的光輝照耀在他們身上。

儘管主在天使眼中如太陽般高懸，有時也會以一個天使的形象、帶著燦爛的面容出現在他們之間。此時，瀰漫在天使們心中欣喜若狂的崇拜和難以言喻的喜悅，簡直無法形容！

天堂有它自己的時間和季節，而且跟地球上的不同。天堂裡沒有冬天，也沒有夜晚。天堂的時間和季節，是天使心靈狀態變化的結果，雖然從表面上看起來它們與地球上的客觀現象相似，但實際上它們是十分主觀的。光和熱的外在變化，對應著天使心靈中愛和智慧的內在變化；由於天使有時處於濃烈的愛的狀態，有時又不那麼濃烈，所以天堂裡的早晨、正午、傍晚和黃昏，就是這些變化的外在象徵。如果沒有這些變化，生活便失去樂趣，永恆的單調會是永恆的沉悶。

天使的衣服和居所

由於天使是人形，而且像凡人一樣共同生活在社會裡，因此他們擁有衣服、房屋等與凡間東西相似的物品，但更加美麗和完美。天使的衣服呼應著他們的智慧；有些天使的衣服如火焰般閃爍，有些如光芒般耀眼；有的衣服是各種顏色的，而有的是白色且不反光的。最內層天堂的天使是赤裸的，因為他們相當純真，而赤裸呼應著純真。

由於衣服代表智慧的狀態，所以在《聖經》裡有很多關於教會和善良人士的衣物描述。例如，《以賽亞書》中提到：「錫安哪，興起，興起！披上你的能力！聖城耶路撒冷啊，穿上你華美的衣服！」（52:1）；《以西結書》中，主談到他的教會：「我用細麻布給你束腰，用絲綢為衣披在你身上。」（16:10）在《啟示錄》也說：「你還有幾名是未曾污穢自己衣服的，他們要穿白衣與我同行，因為他們是配得過的。凡得勝的，必這樣穿白衣。」（3:4-5）當我們記住了衣服的靈性意義，才能看出這些經文中的深層含義！

史威登堡寫道：「天使的衣服不僅表面上看起來像衣服，實際上它們就是衣服；因為他們不僅看得到它們，也感覺得到，而且有各式各樣的衣服，他們會脫下和穿上這些衣服，把不使用的放在一邊，需要時再重新穿上。我親眼見過他們身上穿著各種不同的衣服一千遍，當我問他們是從哪裡得到這些衣服時，他們說『是從主那裡得到的』，他們視之為禮物，有時甚至是在未意識到的狀況下穿上的。他們還說，他們的衣服會根據他們的狀態而變換。」

由於天堂裡有社群，天使過著像人類一樣的生活，因此可以得知他們擁有居所，而這些居所因他們所擁有的愛和智慧的程度而異，就像天堂裡其他的一切一樣。在這個主題上，史威登堡的描述如下：

每當我和天使交談時，我都在他們的居所中，這些居所與凡間所謂的房屋完全相似，只是更加美麗。那些居所有許多房間、客廳、臥室，還有庭院，周圍有花園、灌木叢和田野。天使們的居所在群居之處是相鄰的，或者彼此靠近，排列起來就如城市一般，擁有大街、道路和廣場，就像地球上的城市一樣。

我曾在天堂裡看到筆墨難以形容的壯麗宮殿，它們的上部熠熠生輝，猶如純金，而下部彷彿由寶石製成；有些比其他的更宏偉，外部的宏偉與內部的華麗相得益彰；房間裡的擺設和裝飾，是語言及科學都無法充分描述的。在南邊有著如同仙境的地方，那裡的一切同樣光彩奪目；因為在某些地方，樹木的葉子如同銀葉，果實如同黃金，花壇中的花朵，其色彩猶如彩虹；在視線盡頭的邊界處還有其他宮殿。天堂的建築猶如藝術本身，可以說它就是藝術的真諦；這一點也不奇怪，因為藝術就來自於天堂。

天使們說，這類事物以及無數更為完美的景象，都是主呈現在他們眼前的；它們為其心靈帶來的愉悅，更勝於眼睛的愉悅，因為在每一件事物中，他們都看到了與其呼應的神聖事物。

組成主的天國的天使，主要居住在高處或山上；組成靈國的天使住在丘陵上；

而在天堂最底部的天使，則居住在到處都是岩石的地方。還有一些單獨的天使是不結伴群居的，他們住在天堂的中央，是眾天使中最優秀的。

天使居住的房屋，不是像世界上的房屋一樣由手工建造，而是由主根據他們對善和真理的接受程度，慷慨地給予的。天使把自己擁有的一切視為主的恩賜，而主也供應他們的一切所需。

因此，我們了解到，天堂裡的天使並不像這個世界的人類那樣需要外在、生理或心理上的工作或消遣，來滿足身體需求。

天使的移動方式

天使並不像一般人所想的那樣擁有翅膀，他們的行進能力遠超過翅膀所能提供的，他們對於空間的概念與這個世界上的我們截然不同。

所有性情相似的人在靈性世界中會自然地聚在一起，因此，狀態相似的人會彼此接近，而狀態不同的人會彼此遠離；在天堂裡所看似的空間，實際上只是一種外在表象，代表了內在心靈的差異。

因此，每個天堂、天堂裡的每個社群，以及社群裡的每個個體，都是獨特的。同樣的，地獄與天堂也是完全分離的。

基於同樣的原因，假如一個人強烈渴望另一個人的存在，那麼在靈性世界裡，那個人就會出現在他面前；因為藉著那份渴望，他可以在思想中看到對方，並使自己處於對方的狀態。同樣地，一個人與另一個人的距離，將會與他對對方的反感程度成正比，因為所有的反感都來自於情感的對立和思想的不一致。因此，在靈性世界裡，當一群人想法一致時，他們就會出現在同一個地方，當意見不同的時候就會分開。

進一步說明：當一個人從一個地方到另一個地方，無論是在他自己的城市、庭院、花園，或是到自己城市之外的其他地方，當他強烈渴望到達目的地時，就會比較快抵達，而當他的渴望沒那麼強烈時，會比較慢到達；路程的長短取決於他對抵達的渴望程度。

因此，這再次證明了，距離，也就是空間，完全取決於天使自己的心靈狀態。

這些原理解決了經常被問到的問題：「在未來的生活中，我們會認識彼此嗎？」如果我們在愛和真理上的狀態相同，我們會認識；但如果處於不同的狀態，我們就不會認識，而且將是分離的；此外，我們也不會有認識彼此的欲望。天堂中唯一的友誼是建立在性格相似的基礎上，如果這種相似性不存在，除非在靈界短暫相遇，否則死亡將是永遠的告別，儘管它並不是一個令人悲傷的情況。

天堂的運作模式

天堂裡有許多團體，根據構成天堂社群的各種心靈類型而有所不同，天堂裡唯一存在的團體是互愛的團體。在天堂，領導者有別於其他天使之處，是更多的愛和智慧；由於愛，他們善待所有天使；而由於卓越的智慧，他們知道如何實現自己所追求的善。他們並不霸道，也不威嚴地下令，而是抱持服務的態度：他們不會使自己凌駕於其他天使之上，反而是讓自己更加謙卑，因為他們將自己的利益放在最後，將社群的利益放在首位。

儘管如此，他們仍然享有榮譽和榮耀，因為他們居住在社群的中心，並住在華麗的宮殿中，地位比其他天使都高。然而，他們接受榮譽和榮耀並非為了自己，而是為了服從；因為在天堂中的所有天使都知道，他們享有的榮譽和榮耀來自於主，因此應該要服從他們。這就是主對門徒所說的話的含意：「誰願為首，就必作你們的僕人。正如人子來，不是要受人的服事，乃是要服事人。」（《馬太福音》20:27-28）、

「你們裡頭為大的，倒要像年幼的。為首領的，倒要像服事人的。」（《路加福音》22:26）。天堂中的每個家庭也有類似的團體，因為在每個家庭中都有主人和僕人，主人愛著僕人，僕人愛著主人，他們基於愛而互相服侍。主人教導僕人應該如何生活，指導他們應該做什麼；僕人則順從主人，履行自己的職責。

天堂中所執行的神靈崇拜，從表面看起來跟人間的很像。跟人間一樣，天堂裡有教義、布道和神殿，正如天使擁有房屋和宮殿一樣，他們也有神殿，並且在裡面進行布道。天堂裡有這些事物，是因為天使們不斷地讓他們的智慧和愛更完美。但是，就像在凡間一樣，天堂裡真正的神靈崇拜，不在於常去神殿和聽別人布道，而在於有愛和有意義的生活；布道和祈禱只是啟迪心靈去履行各種義務的手段。

天堂間的布道充滿著極高的智慧，世上沒有任何東西能夠與之相比。它們皆源自於《聖經》；我們在這裡閱讀的《聖經》，天堂裡的天使也在閱讀，但對他們而言，這是一本截然不同的書。當我們閱讀時，所思考的是人間的物質事物，而當他們閱讀時，所思考的是靈性和神聖的事物。對他們而言，《聖經》的靈性和神聖觀念，就像我們對自然觀念的理解一樣清晰。他們從《聖經》中獲得最高的智慧，而且，透過與它的持續交流，他們日復一日地變得更有智慧。

天使的成長

所有的嬰兒都會進入天堂，無論他們出生於教會內還是在教會外，無論出自於虔誠的父母還是邪惡的父母。當嬰兒去世後，在另一個世界裡，他們仍然是嬰兒，不是天使，但他們會成為天使。每個人在離世時，都處於類似他在人間的狀態：嬰兒處於幼年狀態，男孩處於男孩狀態，年輕人、成年人或老人處於年輕、成年或老年狀態；但每個人的狀態在之後都會改變。嬰兒死後旋即升入天堂，交由女性天使照顧；這些女性天使在生前深愛嬰兒，同時愛神。這些善良的天使會教育和撫養他們，直到他們達到合適的年齡，然後轉交給其他導師。他們成長為年輕男女，接受教導而增長智慧，接受訓練以履行天國生活的相關責任和義務。當個性完全發展時，他們會根據所承襲的天賦或性格，加入某個天國的社群。

許多人想像在天堂裡，嬰兒會永遠保持嬰兒的模樣，而且所有的天使都有一些嬰兒的特質。這種想法可能來自於經常見到的畫作，畫中的天使常常被描繪成嬰兒的樣子，但這是大錯特錯。在天堂裡，嬰兒會成長為年輕男女，而老年人則恢復到成年初期生氣勃勃的樣子。天堂裡的人們不斷向生命的春天前進，他們活了數千年，所達到的春天愈來愈幸福愉快，這種進展將永遠持續下去。日益衰老且在晚年過世的善良婦女，在若干歲月之後會變得更加年輕，並超越想像，變得前所未見的美麗。總而言之，在天堂變老就是變年輕。

值得注意的是，每個人死後的人類形象，其美麗程度與他內在對神聖真理的愛和實踐程度成正比。因此，最內層天堂的天使是最美麗的，因為他們對真理的愛最深，他們的生活最完美。史威登堡說：「我曾見過第三天堂的天使面容，其美麗無與倫比，任何畫家即便挾著最高超的藝術技巧，也無法描繪出他們千分之一的光輝和生命；但最低天堂的天使面容，某種程度上是可以被適當地描繪出來的。」

天使的職責

許多世人相信天堂是一個悠閒的地方，充滿了精緻的感官愉悅、美好的景色與和諧的聲音；總之，就像一個為財富而努力奮鬥的辛勤商人，所幻想的「退休」時能享受的地方；但這是一個巨大的錯誤。

在天堂裡，人的本性和在地球上一樣，而且他最快樂的時刻，並非單純享受著愉悅和悠閒，而是把自己發揮到極致。在天堂，閒散並不等於幸福，這就跟在地球上一樣。耶穌曾經說過：「我父作事直到如今，我也作事。」（《約翰福音》5:17）。天使是忙碌的，在天堂，一切的喜悅都與工作結合，喜悅就存在於工作之中，一個天使的幸福與他的用處成正比。

有些靈魂以為天堂的幸福在於悠閒的生活，受他人侍奉；但有人告訴他們，幸福絕不在於只休息、不工作，因為那樣一來，每個人都會想要剝奪他人的幸福，來促進自己的幸福，而由於所有人都有相同的欲望，就不會有人感到快樂。這樣的生活不是活躍而是懶散，懶散會使生活變得無精打采，而且沒有活動就不可能有幸福，休息只是為了娛樂，讓一個人能夠以嶄新的活力回歸到生活的活動中。

有些靈魂認為，天堂的喜悅僅在於讚美和頌揚上帝，但有人教導他們，讚美和頌揚上帝並不是一種積極的生活，上帝並不需要讚美和頌揚。主的旨意是讓所有人發揮功用，天使也證實，事情做得好，就表現在最高的自由加上難以言喻的喜悅。

由此可知，天堂裡充滿各種活動，相較之下，人間的事務顯得稀少。有些社群的職責是照顧嬰兒；有些是在嬰兒長大後教導和教育他們；還有些社群的職責是以同樣的方式教導和教育年輕人；另外有些社群教導基督教世界中單純善良的人，引導他們走向天堂之路；也有一些社群對異教徒履行同樣的職責；有的社群保護剛從人間新來的靈魂，免受惡靈的侵擾；有的社群陪伴那些在靈界準備進入天堂的靈魂；還有一些與地獄中的靈魂同在，以防止他們無窮無盡地折磨彼此；也有些會陪伴正在從死亡中復活的人。

大體而言，每個社群的天使都會被派去保護人類，引導他們擺脫邪惡的情感和由此而生的邪惡思想，鼓勵他們接受善的感情。所有這些工作都是主透過他們之手來進行的，因此在《聖經》的內在意義中，所謂的天使並不是指天使本身，而是指主的某個部分；基於同樣的道理，天使在《聖經》裡被稱為神。

這些工作是天使的一般性職務，但每個天使都還有各自特定的職責，因為每個一般性的職務都是由無數個被稱為調解、照料和協助的職務所組成。不過，天堂裡的職務實在太多、太繁瑣，無法一一列舉。所有的天使都在工作中得到樂趣，這種樂趣源自於喜愛自己能發揮用處，而不是來自於喜愛自私自利。也沒有任何一個天使會為了維持生活而追求利益，因為生活上的所有必需品都是免費的，包括住所、衣物和食物。

進入天堂的條件

德昆西（De Quincey）指責史威登堡稱天堂裡有人的五感，是將天堂的崇高境界降低到人間的平凡秩序。但這種說法正表示他並不熟悉史威登堡的著作。

在史威登堡的著作中，天堂的歡樂和喜悅，超越了最高程度的語言所能表達的；而且，我們對自然事物形成的最高概念，遠不及天堂生活的普遍現實。在來世，我們不會失去這一世的普遍人性和樂事；身為人類，我們會帶著此世所擁有的每一個思想和情感官能，走向永恆的家園。

天堂不是一種即時神聖恩慈的賜予，也不是在臨終時透過口頭宣告信仰，就能獲得的。如果人可以透過即時的恩慈而得救，那麼所有人都會得救；即使是地獄的居民，地獄本身也不會存在；因為主是恩慈本身、愛本身、善本身，他願意拯救眾生，不願意任何人下地獄。但是，人的靈魂是實質的，若是被塑造成邪惡的，那麼要改變它就等於毀滅它。

史威登堡寫道：

天使們表示，要把蝙蝠變成鴿子，或把貓頭鷹變成天堂的鳥，比把地獄的靈魂變成天使更容易。許多的經驗使我能夠證明，在人間過著違反真理之生活的人，不可能在他們身上灌輸天堂的生活。有些人相信，死後只要從天使那裡聽到神聖的真理，就會輕鬆地接受它們，改過自新，進入天堂。為了讓他們相信『死後悔改是不可能的』，有許多人被拿來做這項實驗。有些人理解所聽到的真理，並且似乎接受了它們，但是當他們回到自己偏好的生活中，便拒絕真理，甚至反對真理。有些人立即拒絕了真理，完全不願意聽；也有些人希望他們在人間的愛的生活能被抹去，讓天使的生活、天堂的生活取而代之。這是被允許的；但當他們愛的生活被抹去時，他們變得如同行屍走肉，喪失了所有的能力。由此，清楚顯示了，沒有人的生活可以在死後被改變，邪惡的生活無法轉變為善良的生活，地獄的生活也不能轉變為天使的生活；因為每個靈魂從頭到腳都具有與他的愛相同的特質，也就是與他的生活相同；因此，將他的生活轉變為相反的生活，等於完全毀滅他。

在天堂和地獄之間的靈界

關於靈界，史威登堡這樣定義它：

靈界既不是天堂，也不是地獄，而是兩者之間的一個中間地帶或狀態。人在死後馬上進入這個地方；經過一段時間之後（這段時間的長短由他在人間的生活特質所決定），他要麼被升入天堂，要麼被拋入地獄。

靈界裡的靈魂數量極其龐大，因為那個世界是所有靈魂在復活後立即聚集的總集合所，每個靈魂都在那裡接受審查，為他們最終的居所做準備。但靈魂在那個世界逗留的時間，依情況而各不相同。有的只是進入那個世界，就立即升入天堂，或者被拋入地獄；有的在那裡逗留幾個星期，而其他人可能有數年之久，但（自從最後的審判以來）沒有人在那裡逗留超過三十年。

在靈界，沒有任何人的靈魂會改變，「樹倒在哪兒，就躺在哪兒」。這個生命的修養在死亡時完成，機會不能重來。靈界是一個使人的外在表現與內在一致的地方，因為在天堂或地獄，沒有人被允許擁有分裂的心靈：理解是一回事，願意是另一回事。任何人所願意之事，他必須理解；而他所理解之事，他必須願意。因此，在天堂願意為善的人，必須理解真理；在地獄願意為惡的人，必須理解虛假。基於這個原因，在靈界，會除去善者身上的虛假，給予與他們的善相符且和諧的真理；也會除去惡者身上的真理，讓他們要接納與其惡相符且和諧的虛假。

在伊斯蘭教、中國、印度和所有異教國家中按照自己的光明程度而生活的無數善良男女，都不能懷著對宗教的錯誤觀念進入天堂，或者對即將進入的天國中的那位良善的主一無所知。他們需要接受指導，必須清除心中的錯誤，以真理取而代之。實現這些變化是需要時間的，而靈界是進行這個過程的學校。對於純潔善良的人來說，他們很容易接受真理的教導；在得到啟蒙和淨化之後，他們將被引導進入永恆的家園，融入那些性格和心靈秩序與他們相似的有福者之中。

還有，在基督教徒當中，有很多人帶著些許的缺點離世，可能是脾氣上的缺陷，或某種壞習慣，但他們實際上是心地純正、善良的人。他們的命運不應該是下地獄，但由於性格中的這些瑕疵，他們到了天堂也可能不令人愉快，因為他們的心境不符合天堂的完美秩序與平靜。這樣的人也會留在靈界，經歷試煉、誘惑和苦難，直到他們拒絕一切不合規矩和不潔淨的東西。清除外在之惡的過程往往非常痛苦，需要很多年的時間，而他們原本可以在現世生活中較不困難地完成這種清除過程。

主在《聖經》中警告我們說：「你同告你的對頭還在路上，就趕緊與他和解，恐怕他把你送給審判官，審判官交付衙役，你就下在監裡了。我實在告訴你，若有一文錢沒有還清，你斷不能從那裡出來。」（《馬太福音》5:25-26）

「同告你的對頭還在路上」是指在現世生活中，而「在監裡」是指靈界，在《聖經》中經常這樣稱呼。在靈界的我們不會被釋放，直到完全擺脫自私的情感和錯誤的思想原理。如此看來，主的忠告是多麼實際！但如果沒有關於靈界的知識和對《聖經》的靈性理解，主的忠告就顯得神秘且晦澀難懂。

基督教世界裡，很多人對於許多宗教教義抱持錯誤的觀念，而且堅定不移。有了這種錯誤觀念，他們就無法進入到瀰漫著真理的天堂。因此，他們會留在靈界，直到經過指導後，拒絕他們在人間所抱持的錯誤信念。

在某些情況下，如果錯誤教義已經被吸收，並且在心靈中根深柢固，那麼清除和拒絕的過程可能伴隨著沉重且漫長的痛苦。

在靈界，善良的靈魂拒絕所有的錯誤觀念，而邪惡的靈魂拋棄所有的真理。或許有人會問，為什麼？為什麼要讓壞的變得更糟？其實壞並不會變得更糟。對於邪惡者本身的秩序來說，讓他們擺脫所有真理是有必要的。真理的存在，對於邪惡者來說只會加劇他們的痛苦，因為它不斷地抗議著他們的罪惡。為了善良者的緣故，邪惡者失去所有真理也是一種好事，因為邪惡者可能透過真理的力量，假裝成天使的形象，成為披著羊皮的狼，或如保羅所說的：「撒旦變成光明的天使。」

曾利用真理來追求自私日的的偽君子，會在靈界比其他人停留更久，並在願意拋棄狡詐和搗亂的手段之前，承受很多痛苦。剝奪邪惡者所擁有的真理的過程，用主的話來說就是：「所以你們應當小心怎樣聽；因為凡有的，還要加給他；凡沒有的，連他自以為有的，也要奪去。」（《路加福音》8:18）所謂的「聽」即是真理。唯有善良者擁有真理，因為他們的善良愛好真理，並且珍惜它。這樣被愛的真理會增加，因此有所謂的「還要加給他」。邪惡者可能在記憶中擁有真理，也許會用在自私的目的上，並對此誇誇其談，然而，這並不是他們的東西。他們內在的邪惡討厭它，「凡作惡的都恨光」。在未來的生活中，他看似擁有的真理將被奪去。這樣的審判是多麼公正，同時又多麼慈悲！

地獄的景象

地獄是所有邪惡靈魂的集會所，正如有許多個天堂一樣，地獄也有很多個。正如天堂的居民因為善和真理的相似性而排列一樣，地獄的居民也因邪惡和虛假的相似性而排列。主透過大衛說：「祢救了我的靈魂，免入極深的陰間。」（《詩篇》86:13）因此，從《聖經》中，我們可以直接得出一個證據，那就是邪惡的層次是有差異的。

地獄的景象，就像天堂一樣，與其居民的狀態形成完美的呼應。它是其居民心靈的產物，由於他們產生畸變且充滿各種污染，所以那裡的景觀充滿恐怖和可憎之事。

地獄裡沒有太陽，居民在與自己相呼應的黑暗中漫遊，因為他們就是黑暗：他們的光是不自然的，如煤火、流星、鬼火和夜間的燈光。他們居住在與其靈魂相呼應的風景中，如沼澤、濕地、雜亂的森林、洞穴、荒蕪的沙漠、焦黑和毀壞的城市。在比較溫和的地獄裡，有一些看似簡陋小屋的東西，有些彼此相鄰，排列得像是城市的街道和小巷。在房屋內，地獄的靈魂們不斷爭吵、怨懟、鬥毆和施暴，而街道和巷弄間充斥著搶劫和掠奪。居民們在不停息的戰爭中彼此仇恨和折磨，難以描述他們手段的殘忍。

地獄惡靈的可怕模樣是言語無法形容的，儘管相同邪惡的靈魂有一般的相似性，但沒有誰跟誰是一樣的。他們的模樣突顯著對其他靈魂的輕蔑、對不尊敬他們的靈魂的威脅、各種仇恨和報復；這些外表下的內在，透露著暴行和殘酷。但當其他靈魂稱讚、尊敬和崇拜他們時，他們會抬高下巴，喜形於色。

有些靈魂的臉孔恐怖又毫無生氣，如同屍體一般，有的是黑色的，有的紅得像火把一樣，還有一些被丘疹、疣和潰瘍所毀，往往看不見臉，只看得到毛髮和骨頭，有的時候，顱骨上只剩下牙齒。他們的身形醜陋，言語間充滿憤怒、仇恨與報復，因為每個靈魂說的話都出自於自己的虛妄，音調都來自於自己的邪惡。

總之，他們的形象呼應著自己所處的地獄。

地獄是一個整體，就像天堂一樣如同一個人，但不像天堂那麼美，而是一個醜陋的怪物。從整體來看，它是惡魔和撒旦；惡魔是其邪惡之名，而撒旦是其虛偽之名。在地獄裡，沒有居於統治地位的，也沒有以這兩種稱呼為名字的惡靈。主自己統治著地獄，透過一切可能的手段制止它們的暴力，減輕它們的痛苦。

有些人相信神會背棄人，拒絕他，將他拋入地獄，並且因他的罪惡而對他發怒。有些人更進一步，堅稱神會懲罰人，降禍於他，還從《聖經》中找到從字面意義上看似支持這個觀點的地方。然而，這些觀點是因為對這些經文真實意義的無知，以及對其他經文的盲目忽視而形成的。

事實上，《聖經》的原義教導我們，神本身就是善與慈悲，他的心中並沒有憤怒（《以賽亞書》27:4）。真正的教義宣稱主永遠不會背棄人，永遠不會拒絕他，永遠不會把任何人拋入地獄，也永遠不會發怒。主一直在引導人遠離邪惡，引導他走向善良；人的自由從未被剝奪。如果人願意去愛邪惡，願意任性妄為，主不會阻止。

讓人下地獄是違背神的心意的，但若侵犯人的自由，將會摧毀他的生命，使他失去一切人性，把他降格到機器或牲畜的程度。在地獄裡的人是自甘墮落，並且願意一直待在那兒的。正如威爾金森所說：「這是自由意志的最後信條。有限的生靈讓自己的邪惡無窮地延續，無止盡地堅持自私，拒絕接納一切在其掌控中的全能之神，並將『不願意』變成永遠的『無法』，好讓自己遠離天堂，站在與天堂對立的局面。」

以上是對史威登堡《天堂與地獄》一書主要觀點的簡短摘要。

第 14 章

婚姻之愛

一七六八年十一月二十八日，史威登堡待在阿姆斯特丹，出版另一部重要的著作《婚姻之愛與貞潔的喜悅；以及通姦之愛與其荒淫之樂》（以下簡稱《婚姻之愛》）。這本書以他的名字出版，並寫成「瑞典人，伊曼紐・史威登堡」，這是第一部他署名的神學著作。據說他之所以署名，是因為不希望有人因為這個敏感的主題而受到指責。

婚姻，是人生中最重要的事情，是占據其中一方整個思想的關係，也是另一方最認真關注的關係，是圍繞著生命中所有最高尚和最神聖之事物的制度：家人、家庭、人類心中所珍愛的一切，必定在道德和精神的純正法則中占據顯著的地位。

天堂中的婚姻

史威登堡在《婚姻之愛》中，首先談到了天堂中的婚姻。他指出，一個男人在死後仍然是男性，一個女人在死後也仍然是女性。自從創造之初，就注定了女人是為男人而造，男人是為女人而造，因此，每個人都是為另一個而生的。由於這種愛在兩性中都是固有的，因此在天堂也有婚姻，正如在人間一樣。

天堂的婚姻是兩個天使之心靈的結合。天使的心靈由理解力和意志這兩個部分組成；當這兩個部分合作時，它們被稱為心靈。理解力在男性天使身上占主導地位，意志在女性天使身上占主導地位；但是在心靈的婚姻中，沒有誰占主導地位，因為妻子的意志也成了丈夫的意志，丈夫的理解力也成了妻子的理解力。由於彼此都喜歡按照對方的意志和思想來決定及思考，所以他們「共同且互惠地決定及思考」。他們由此結合，因此在天堂，兩個已婚的伴侶不被稱為兩個，而是一個天使。當這種心靈的結合到了較低的身體層次時，它被理解和感受為愛，而那種愛就是婚姻之愛。

有人會根據主對撒都該教（Sadducee）教徒說過的話，對天堂婚姻的信條提出異議。當時撒都該教教徒問道，一個連續和七個兄弟結過婚的女人，在復活的時候應該成為誰的妻子。主回答說：「這世界的人有娶有嫁，唯有算為配得那世界與從死裡復活的人，也不娶也不嫁。」（《路加福音》20:34-35）一個女人按照世俗的習慣而嫁過七個丈夫，但天堂裡不會發生這樣的事情，因為如主所言，那裡「不再有死亡」。在這件事情上，天堂裡沒有所謂的嫁娶。如果主進一步解釋的話，猶太人會像他說「拆毀這殿，我三日內要再建立起來」時一樣誤解。他們說：「這殿是四十六年才造成的，你三日內就再建立起來麼。」（《約翰福音》2:19-21），不知道他「指的是他身體的聖殿」。

史威登堡清楚的指出，如果基督徒認為天堂裡不存在真正的心靈婚姻，或者認為主所宣稱的是人間的肉體和感官方面的關係不存在於永生之中，那麼他們對婚姻的理解，自然就像猶太人對聖殿的理解一樣。從主的話中的靈性觀念來看，所謂天堂裡沒有婚姻，指的是天堂裡有心靈的婚姻，或者是心靈中善與真理的結合。

此外，在天堂裡，確實沒有「婚姻」這種字眼。伴侶在這個世界上出生，在生活中為彼此磨練。雖然分開，但他們各為整體的一個部分；在彼此心中，都有持續渴望合而為一的渴望。在全知者（上帝）的眼裡，他們永遠結合在一起，他們是一體的，無論他們被空間或環境分開得有多遠。他們在天堂的相遇和認識，只不過是從前在本質上已有結果的外在實現。從這個意義上，可以說天堂裡沒有婚姻，因為在進入天堂之前，所有人實際上都已經結婚。

史威登堡教導說，當今世界上的婚姻，普遍是基於純粹的世俗和感官動機而成立的，很少考慮到心靈的相似性。所以除了少數情況之外，它們在另一個世界並不會持續下去。已婚的伴侶經常在死後相遇；但是當他們心靈上的差異顯現出來時，就會分開。因為只有心靈結合的伴侶，或是能夠如此結合成一體的人，才能被接納進入天堂。我們可以由主所說的話來理解：「他們不再是兩個，而是一個肉體。」分開的人——可能是兩個非常好的人——在適當的時候會遇到志同道合的伴侶，他們的靈魂傾向於與自己的靈魂結合，所以他們希望不再是兩個生命，而是一個生命。

夫妻在天堂中的相遇

關於年輕夫妻在天堂中的相遇，這裡有一段精彩的描述：「主的神聖遠慮普及於萬物，甚至是婚姻的最細微之處，因為天堂裡的一切喜樂都源自婚姻之愛的喜樂，如同甘甜的水來自於泉源。因此，要是有志同道合的伴侶出生了，這些伴侶便在主的幫助下，不知情地接受教育，無論男女都對此一無所知。經過一段時間之後，當他們都適婚時，會在某個地方偶然相遇。見到彼此之後，他們透過某種本能而馬上知道彼此是一對；並且藉著某種內在的指示，他們在心中思考——少年覺得她是我的，少女覺得他是我的。當這種想法在兩人的心中存在一段時間之後，他們就會刻意地相互接近，並互許終身。這是說偶然、本能和指示，其意思是由於神的提供；

因為在神的提供未知時，它具有這樣的外觀；因為主打開了內在的相似之處，使他們可以看到彼此。」

我們在史威登堡的引導下，認識了婚姻之愛的本質，看到了其根本福祉的所在。他指出，這種愛源自於善與真理的結合。每一個曾經體驗過重生的人都知道，沒有什麼能比因行善和順從主的旨意，而產生如此強烈的喜悅與幸福。善與真理的結合是天作之合，主把它比作天國。他說，它不在這裡，也不在那裡，而是在我們心中。《聖經》以婚姻和愛為象徵，不斷描述靈魂的重生——雅各與拉結在井邊相遇時，「雅各親吻了拉結」，並因為十分開心而「高聲哭泣」。這巧妙地象徵了善與真理的相遇，以及從他們逐漸靠近的結合中所產生的喜悅。

據說，在男性中，理解占主導地位，而在女性中，意志占主導地位。因此，顯然永遠不可能有完美的婚姻，因為個體的心靈本身是不完美的，一個人意志和才智的平衡點，在任何情況下都不會和別人的一樣。因此，一個人心智的完整或健全必然需要婚姻。真理愛善，善也愛真理；所以，意志和理解永遠渴望相結合。

真正的婚姻之愛只能存在於兩個人之間，在多配偶者和通姦者身上，它完全消弭殆盡。還有，它只能隨著重生者而存在；重生者是那些愛主和愛鄰舍的人，並樂於遵守神的戒律。已婚伴侶以這種方式生活，他們的身心會越來越親密；他們的心靈融為一體，他們的平靜、喜樂和幸福都大幅提升。惡人心中沒有婚姻之愛，他們內心存在著邪惡，生活中掩藏了最深的仇恨；他們在世界上所展現出來的情感，若不是來自於感官享受的愛，就是出自於世俗的私利。值得大家注意的是，只有虔誠的人（那些愛上帝並尊重他的法則的人），才能得到婚姻中真正的幸福。

《婚姻之愛》主題精選

▲**關於婚姻之愛的喜悅**：由於婚姻之愛是所有美好愛情的基礎，所以它的喜悅超過其他種類的愛。而且它會結合其他種類的愛，帶來不同的喜悅；因為它令心靈最深處的信念得到發展，同時也令身體最深處的結構得到發展，就像最愉悅的泉水流過並打開它們一樣。

所有的喜悅都匯集到這種愛裡的原因，自始至終都是由於其優越的作用，即人類的繁衍，以及因此而來的天使天堂。由於這個作用是創造的主要目的，因此創造者所能賜予人類的一切福祉、滿足、喜悅、愉快和樂趣，都匯集到這種愛裡。

▲**真正的婚姻之愛是貞潔**：原因如下：

一、因為它來自於主，並與主和教會的結合相呼應。
二、因為它來自於善和真理的婚姻。
三、因為它是靈性的，與教會和人共存的情況相稱。
四、因為它是基本的愛，為所有神聖和靈性之愛之首。
五、因為它是人類種族井然有序的溫床，因此也是天使天堂的溫床。
六、由於這個緣故，它也存在於天堂的天使之中，並且與他們一起孕育出靈性的後代，即愛和智慧。
七、因為它的作用比創造的其他作用更優越。

從這些考量中可以得到的結論是，真正的婚姻之愛，從其起源和本質來看，是純潔而神聖的，故可稱之為純潔和神聖，因此便是貞潔。

▲**古代的婚姻之愛**：天使們跟我說，生活在最古老時期的人，如今在天堂中依然生活在各自的家庭、家族和民族裡，就像他們在地球上一樣，幾乎沒有一個家庭成員缺席；原因是，他們遵循真正的婚姻之愛，因此他們的子女繼承了善和真理的婚姻信念，並且透過父母的教育，更容易從內在接受引導，當他們有能力獨立判斷時，主會引導他們完全地了解它。

▲**婚姻將人性提升至最高境界**：最完美和最高的人類境界是由兩個人透過婚姻結合為一體而產生的；因此，從兩個肉體合而為一，男人的心靈被提升到更高的光明中，而妻子的心靈被提升到更高的熱情中。

▲**善良父母的子女**：遵循真正的婚姻之愛的父母所生的子女，從父母那裡得到善和真理的婚姻信念，故具有這方面的傾向和能力，如果是兒子，他們會去理解有關智慧的事物；如果是女兒，她們會去愛智慧所教導的事物。因此，從這種婚姻中出生的人，更適合也有能力成長為有智慧的人，所以更容易接受有關教會和天堂的事物。

在《婚姻之愛》的後半部分，主要討論了婚姻生活的各種紊亂現象，包括冷漠、爭吵、分居和離婚，最後還涉及通姦、淫亂以及各種濫用的性關係。這部分內容使史威登堡受到了一些惡劣的詆毀，但這種詆毀是出於對作者信念的膚淺了解。不過，一個人很難在這樣的話題上寫作，卻不引起一些以道德和純潔自詡的病態者及偽善者的譴責。

我們跟著史威登堡使用「conjugial」（「婚姻的」）一詞，他通常使用拉丁形容詞「conjugials」，而不是「conjugali」，也許是因為聽起來更柔和一些。

看見天堂中的婚姻伴侶

在這本書的各個章節之間，穿插著作者在靈界看到的場景，以及他和靈魂及天使針對婚姻之愛進行的對話。其中許多具有吸引人的趣味，同時傳達了最深刻和最美麗的真理。有一次，他與第三天堂裡的兩位天使進行了非常美妙的對話，詳情如下：

一天早晨，我仰望天堂，看到上面有三個空間，層層相疊。起初，我對這一切感到驚訝，不知所措；突然間從天堂傳來了一個聲音說：「我們已經察覺到，現在也看到，你正在沉思關於婚姻之愛的事情。我們曉得，在人間，目前沒有人知道真正的婚姻之愛在其起源和本質上是什麼。然而，很重要的一點是，人們應該要了解這件事。在我們的天堂，特別是在第三天堂，我們無比的喜悅主要來自於婚姻之愛。因此，由於我們得到允許，將派遣一對婚姻伴侶給你，讓你好好地觀察。」

然後，看吶！立刻就出現了一輛戰車，從第三天堂或最高天堂而來。我看到一位天使在車上，但當他靠近時，我發現是兩位天使。戰車在遠處閃爍，像鑽石一樣耀眼；套著挽具的馬匹年輕力壯，色白如雪；坐在戰車上的人，手裡拿著兩隻斑鳩。……當他們靠近時，看吶！是一對夫妻；他們說：「我們是一對婚姻伴侶。我們在天堂裡，從你們所謂的黃金時代——世界的初始時代——開始，就一直過著幸福的生活。而且在這段期間，我們始終保持著你現在所看到的永遠青春的狀態。」

我專注地觀察他們，因為我察覺到，他們代表了婚姻之愛的生活及其誘人的吸引力；從他們的面孔中，我看出了婚姻之愛的生活；從他們的衣著上，我看出了婚姻之愛的迷人之處。

那丈夫看起來像介於成年人和少年之間，他的雙眼閃爍著源於愛之智慧的光芒，這種光芒使他的臉上散發著由內而外的明亮光彩，因此在皮膚上罩著一層光芒，使整張臉看起來容光煥發。他穿著一件長及腳部的長袍，下面是一件風信子藍色的衣服，腰間繫著一條金色腰帶，腰帶上有三顆寶石，中間的是石榴石，兩顆藍寶石在其兩側；他的襪子由明亮的亞麻布製成，其中含有銀色的織線，鞋子是絨面的：這就是丈夫身上所代表的婚姻之愛。

而妻子的情況是這樣的：我看到了她的臉，但又沒有看到；我看到的是她實質上的美麗，但又沒有看到，因為這種美麗是無法形容的；因為在她的臉上有一種火焰般的光芒，就像第三天堂的天使所享有的那樣，這種光芒模糊了我的視線，令我驚慌地失去了焦點。她注意到這個情況，對我說：「你看見了什麼？」我回答：「我看到了婚姻之愛以及它所表現出來的樣子；但我看到了，卻也沒有看到。」於是她將身體轉偏離丈夫，讓我可以仔細地觀察。她的眼睛明亮，閃爍著來自天堂的光芒，此光芒如火焰般，它源自於對智慧的愛。因為在那個天堂裡，有智慧的妻子們懷著智慧來愛他們的丈夫，而丈夫們由於智慧之愛而愛著他們的妻子，因此他們緊密地結合在一起。這就是她美麗的來源，這樣的美麗使得任何畫家都無法模仿和呈現其樣貌，因為他沒有足夠明亮和生動的顏色來表現其光彩；縱使他有再高超的技巧，也無法描繪出這種美麗。

她的頭髮整理得秀麗滑順，秀髮間插著花的頭飾，正符合她的美麗。她戴著一條石榴石項鍊，上面掛著一串橄欖石念珠，手上戴的是珍珠手鐲：她的上衣是緋紅色的，裡面是一件紫色的胸衣，前面用紅寶石扣緊。但讓我驚訝的是，顏色根據她與丈夫的關係而變化，有時候比較閃耀，有時候比較暗淡；在互相對望時較閃耀，而在斜視時較暗淡。

當我做了這些觀察之後，他們再次與我交談。當丈夫說話時，他的話也像是從妻子口中說出來的；當妻子說話時，她的話也像是從丈夫口中說出來的。這便是他們所說的話從合而為一的心靈中流露出來。在這個情境中，我也聽到了婚姻之愛的聲音或音調；它們在內心同時產生，並且源自於純真與和睦狀態的喜悅。最後，他們說：「我們得到召喚，該離開了。」頃刻間，他們就像之前出現時那樣被戰車載走。他們走過鋪設好的道路，穿越花朵盛開的灌木叢，灌木叢中長著結實累累的橄欖樹和橙樹。當他們接近天堂時，有幾位少女出來迎接，歡迎並引導他們進入天堂。

Part 4

史威登堡的晚年生活

第 15 章

史威登堡在荷蘭

遇見拜爾博士

史威登堡很可能在一七六四年底左右返回家鄉，因為次年的上半年他待在斯德哥爾摩。然而，他很快又展開了新的旅程。一七六五年，當他在哥特堡等待前往英國的船隻時，（據說）他偶然遇見拜爾博士，拜爾博士是希臘文教授，也是哥特堡教區長老法庭的成員。

拜爾博士聽說史威登堡瘋了，因此，見到面時，聽到他講話很有條理，並沒有表現出疑似病症的任何症狀，感到相當驚訝。於是，他邀請史威登堡隔天一起共進晚餐，而羅森（Rosen）博士也一同參加。晚餐後，拜爾博士表示想聽史威登堡親自講述全部的學說。史威登堡講得條理分明、頭頭是道，令拜爾博士和他的朋友十分驚訝。他們沒有打斷他，而當他停下來時，拜爾博士請求史威登堡隔天在文格倫（Wenngren）先生的家裡與他見面，並攜帶一份包含對話內容要點的文件，以便他更仔細地思考。

史威登堡依約在隔天到來，並在另外兩位先生的面前拿出文件。他顫抖著，顯得非常感動，眼淚流過臉頰。他將文件遞給拜爾博士，說道：「先生，士已從今天起讓您進入天使的社群，您現在被他們所圍繞。」他們都深受感動。然後，他向他們告別，次口便啟程前往英國。

拜爾博士立即取得史威登堡的作品，迅速地沉浸於研究之中。為了更清晰地在心中整理這些主題，他編寫了一份索引。在編寫的過程中，他將每一張都寄到阿姆斯特丹印刷。他花了十三年的時間編纂這部作品，就在他寄出最後一張校對好的稿件的那天，他病倒在床上，幾天後便離世，進入了靈性世界。

拜爾博士對史威登堡著作的研究結果是，他堅定地相信這些學說，並成為公開且開明的倡導者，在公共長老法庭中宣布他十分同意這些學說。但一如預期，他因為堅持真理而受到許多誹謗和迫害，但他得到了史威登堡的堅定友誼。他收到史威登堡的許多來信，表示同情他所遭受的考驗，並回答他在教義和心理學方面的許多問題。

重新發表舊作並撰寫新作

史威登堡停留在英國的時間不長，過了幾個星期，或是幾個月，他便前往荷蘭，在阿姆斯特丹度過一七六五年到一七六六年的冬季。一七六六年春季，他在那裡重新發表了年輕時的著作《找出經度的新方法》（據信是應朋友的請求）。正如他告訴瑞典大主教梅南德（Menander）的：「有一些外國人已經在使用這種透過行星對行星的位置，來推算曆表的方法，並且歷經多年的觀測，目前已獲得了可觀的益處。」

自一七五六年完成《天國的奧秘》之後，史威登堡開始慢慢編寫一部跟《啟示錄》有關的鉅作。這部作品一直寫到第十九章第十節，分量足足有四卷四開本。然後，他將這項工作擱置下來——也許是認為它太龐大、太精密——然後重新開始，但將規模大幅縮小。原名「釋義」（Exposition）的稿件是一份書寫清晰、可以準備印刷的手稿，並在經歷了一場火災後留存下來（一位男士正在研究這份手稿的期間，他的房子著火了），於史威登堡去世十八年後的一七九〇年，以四卷四開本的拉丁文原文出版。它被翻譯成英文，於一八一五年以《啟示錄釋義》為書名，印刷成六卷八開本。

這是一部非常寶貴的作品，是史威登堡圖書館中不可或缺的一部分。其中有幾篇主題非常重要的獨立論文，如果摘錄出來，它們本身就是完整而出色的書籍。作者大量使用《聖經》其他部分的相似段落，加以闡釋經文的靈性內涵，因此，它提供了解經文的靈性意義的捷徑。

史威登堡本人於一七六六年在阿姆斯特丹出版了較短篇的版本，題為《啟示錄揭秘》。他依慣例廣為分發這部作品，將其寄送到各大學和高級神職人員，以及英國、荷蘭、德國、法國和瑞典的許多顯要人物手中。

第 16 章

外界的抨擊與支持

一七六九年春天，史威登堡在阿姆斯特丹出版了一本《新教教義之簡明闡述》，他在給拜爾博士的信中寫道：「在這部作品中，充分顯示了現有的『因信稱義』和『將耶穌基督的義或功德歸算給信徒』的偏誤。」他把這本小書送給了荷蘭所有的牧師，以及德國最顯要的人士；但在重新考慮之後，他只送了一本到瑞典，交給拜爾博士，請他自己保存，因為瑞典的真實神學正處於冷清狀態。

遭受神學院院長抨擊

史威登堡免於攻擊和爭議的長期保護，在此時結束了。一七六九年三月二十二日，哥特堡神學院院長艾克波恩（Ekebom）博士向哥特堡的宗教評議會，提出了反對史威登堡神學作品的一連串異議，其中充滿了不實之詞和人身攻擊。院長譴責他的學說「非常異端，每個基督徒都感到極為刺痛而無法接受。」他進一步表示，他「不了解評鑑委員史威登堡的宗教體系，也不會花工夫去了解。」至於史威登堡的主要作品，他「並未擁有，也未曾閱讀或見過」。

史威登堡從荷蘭發來的書面回覆，恭謙而有力。他引用自己的著作，並證明根據《聖經》、《使徒信經》以及教會正統信仰中相呼應的部分來看，他的學說絕非異端。但院長自以為是的無知和偏見並沒有因此消失。

對此，史威登堡表示：「這不就像是臉上的眼睛瞎了，背後卻長了眼睛，而且還被一層薄膜遮蔽嗎？用這種方式看待並判斷著作，任何世俗或教會法官難道不會視為犯罪嗎？」

在巴黎出版新書未果

大約在一七六九年五月底或六月初，史威登堡離開阿姆斯特丹前往巴黎，他在給拜爾博士的信中表示，「這個行程的目的事先不該公開」。他可能預測到了在巴黎會遇到一些困難，因為他這趟旅程的目的，是在法國首都出版另一本名為《靈魂與身體的交流》的小作品。

抵達巴黎後，史威登堡將他的小冊子提交給皇家審查員謝夫勒（M. Chevreuil）先生，後者看過之後告知他會默許出版，但條件是，如同其他具爭議性的書籍一樣，書名應該寫著「在倫敦印刷」或「在阿姆斯特丹印刷」。

對於真理和榮譽有極高敏感度的史威登堡，無法屈服於這樣的條件，於是他放棄了在巴黎出版這本書的打算。他在哥特堡的敵對者隨後散布了一則消息，聲稱他被命令離開巴黎，對此他在給拜爾博士的信中斷然否認，並向駐法國的瑞典大使求證事件的真相。

威爾金森寫道：「關於史威登堡這次的旅行，謠言四起。法國的《世界偉人傳》將他與一位名叫艾利（Elie）的藝術家扯上關係。據稱，艾利提供金錢給他，並且幫助他擴展一個外界所推測的計謀。他曾被指控與啟蒙主義者以及融入政治神學的某種共濟會聯合在一起；共濟會這個聯盟歷史悠久，但一直保持神祕，旨在推翻社會，並醞釀推動全球性的革命。我們只能說，我們的研究並未發現這些特異之處，每一份真實的文件都顯示，史威登堡始終依靠自己的力量，不接受任何人的金援，他就是他所表現出來的一位神學傳教士，謹此而已。」

短暫的巴黎之旅以前往倫敦作結，他在那裡不用受到審查員的限制，順利出版了小冊子《靈魂與身體的交流》。

友善的哈特雷牧師

托馬斯・哈特雷牧師（Rev. Thomas Hartley, A. M.）是史威登堡最親密和最聰明的英國友人之一。他是諾桑比亞郡溫威克的教區牧師，也是 位作家，曾協助翻譯《天堂與地獄》的英文第一版。當時他寫信給史威登堡，擔心他可能缺錢，想支援他所需，同時請求他提供過去生活和人際關係的說明，以做為駁斥誹謗的憑藉。在回信中，史威登堡針對這些問題，消除了他的疑慮。

他對哈特雷先生說：

> 我對你在信中表達對我的友善感到高興，並對此表示誠摯的感謝。但是，對於你讚美我的話，我只把它們當作是你對我作品中所包含的真理的愛的象徵，因此它們要歸功於主或救世主，一切真理都源自於祂，因為祂便是真理（《約翰福音》14:6）。
>
> 我和我的國家裡所有主教，總共十位，都保持著親近友好的關係。同樣的，我也和十六位參議員及其他貴族保持著友好關係，因為他們知道我與天使有交情。國王和皇后，以及他們的三位王子，也對我青睞有加。有一次，國王和皇后邀請

我共進晚餐，這份榮耀通常僅賜予最高階級的貴族；同樣的，此後我也與王儲共進晚餐。他們都希望我返回家鄉，認為我在自己的國家才能遠離任何迫害的危險。他們仁慈地想提供保護，要是有任何類似迫害的事件降臨到我身上，也不會對我造成傷害。

但是，我把這些事情看得為微不足道，因為遠勝於此的是，我是主親自召喚來擔任聖職的，一七四三年，他和藹地出現在我（他的僕人）眼前；當時他開啟我看到靈界的眼睛，賜予我與靈魂和天使交談的殊榮，我至今仍享有這份殊榮。我獲得邀請加入斯德哥爾摩皇家科學院，是其成員之一。但我從未主動請求進入其他任何文學社團，因為我所屬的是一個天使社團，那裡只談論與天堂和靈魂有關的事情，而我們的文學社團所關注的是與世俗和身體有關的事物。至於世俗的財富，我所擁有的已經足夠，不會追尋，也不期望更多的財富。

你在來信中提到，希望藉著一些觀點來消除任何不合理的偏見，而我的說明如上。再會！我由衷地祝福你在今世和來世都幸福。如果你仰望我們的主並向祂祈禱，我毫不懷疑你會實現這個願望。

——史威登堡，一七六九年於倫敦

一七八一年，年事已高的哈特雷先生是這樣評價史威登堡的：

「偉大的史威登堡先生是一位十分謙卑的人。他有一種普世精神，愛護教會中的每個好人，同時對於無意間的錯誤都寬容的對待。對於個人生活中的滿足和放縱，就連在適度的範圍內，他都非常克制，儘管如此，他身上卻沒有任何嚴苛或狹隘的特點。相反的，他和藹的外貌及風度，將內在的沉著與滿足展露無遺。以我最佳的判斷力來衡量這位優異的作者的性格、我對他的個人了解、我能夠取得的最佳資訊，以及努力閱讀他的著作，我發現他是一位健全的神學家、一個好人、一位深刻的哲學家、一位博學的學者和一位彬彬有禮的紳士。我進一步相信，他得到了上帝的最高啟示，被任命為向世界傳遞訊息的特派使者，並與天使和靈性世界有著比使徒時代以來更密切的交流。」

謙遜的品格

史威登堡的另外兩位英國朋友是梅西特（Messiter）博士和漢佩（Hampé）博士，後者曾經是喬治一世的教師。梅西特博士曾在一封信裡，提到了史威登堡的品格：

「我在倫敦時有幸常參加史威登堡的聚會，與他討論各種學問，我敢肯定地說，對於數學、哲學或醫學知識，以及對於人類文學的任何部分，他都不陌生。然而，他完全沒有意識到自己的功績，甚至不知道自己有任何功績。正如他自己在某個地方談到天使時所說的，他總是在聽到一點點讚美時就把頭轉向另一邊。」

史威登堡當時在英國停留的時間似乎不長，僅足夠處理他自己的事務，因為他在一七六九年九月啟航前往斯德哥爾摩，然後在十月初抵達。

第 17 章

面臨宗教的打擊

遭受迫害

當史威登堡抵達斯德哥爾摩時，開始遭受外來的干預及迫害。第一次的挑釁是：他從英國寄出的作品《婚姻之愛》在諾爾雪平（Norkjoping）被扣押，他原本打算把這些作品送給自己的同胞。這些書被扣押的理由係根據一條法律：禁止引入與路德教派信仰相牴觸的任何作品。

扣押事件發生在他侄子菲倫尼爾斯（Filenius）的教區，他便前去要求說明和補償。

當時，菲倫尼爾斯抱住他的叔叔並親吻他，保證他會實現他的所有願望，並歸還他的書。但他的行為正好相反，因為事實上他就是扣押的策劃者，並在私下盡一切努力，以確保書籍被沒收。

不久後，史威登堡發現了菲倫尼爾斯的偽善，並且提出抗議。於是，菲倫尼爾斯摘掉面具，堅持這些書在歸還之前必須接受神職人員的校訂。史威登堡主張，由於他的論文不是神學性的，主要是道德性的，因此由神職人員來校訂很荒謬，而且這種審查制度將為瑞典開啟黑暗時代的大門，但菲倫尼爾斯不為所動。史威登堡現在十分確定他的兩面派行為，把他比喻成背叛者猶大，並且說：「說謊的人，在他一生中都會說謊。」

史威登堡隨身帶了幾本《婚姻之愛》回到瑞典，並且送給許多參議員、主教和王室成員。他並不擔心自由及公開評論的結果，但更糟糕的事情即將發生。哥特堡的艾克波恩院長對拜爾博士和羅森博士擁護史威登堡的觀點感到憤怒，並指示該鎮的神職代表向國會投訴史威登堡及其追隨者。

他們在當時擔任神職人員議會議長的主教菲倫尼爾斯身上，找到了一個讓計謀得逞的手段。他們密謀讓史威登堡接受審判，在被詢問時，他將會公開聲稱自己是神的使者並具有靈性交流的能力，然後他們會宣稱他瘋了，並且把他送進瘋人院。霍普肯伯爵向史威登堡透露了敵對者狡猾的計畫，並建議他逃離這個國家。

史威登堡在得知這個消息後非常痛苦，他走到花園裡跪下來禱告，請主指引他該怎麼做。祈禱過後，他得到了令他寬慰的答覆——沒有惡魔可以碰他；結果也確實如此。他的忍受力、地位和人際關係，都嚇倒了他的對手，阻止了他們策劃中的惡行。如果他是農夫或商人的兒子，而不是主教的兒子，他的命運也許就完全不同了。

然而，菲倫尼爾斯主教成功地獲得了任命，要在神職人員議會設立一個委員會來處理史威登堡的案件。審議過程被保密，結果對史威登堡並沒有發生不利的事情。委員們忽略菲倫尼爾斯的指控，並且「非常大方且理性地談論史威登堡」。

不過，菲倫尼爾斯在向國王呈遞一份陳情書時贏了一回，他要求法務總長留意哥特堡所發生的事件。國王答應了這個請求，於是哥特堡宗教評議會的成員被命令要明確表達他們如何看待史威登堡的學說。

一七七〇年一月二日，身為哥特堡宗教評議會成員之一的貝爾（Beyer）博士挺身而出，大膽而誠實地作證，支持史威登堡和他的著作。他說：「根據經驗，首先我必須說，沒有讀過這些著作的人，或是粗淺地閱讀過的人，或是僅瀏覽一些零散的部分後，便果斷地排斥它們的人，都沒有資格對這些著作做出公正和適當的判斷；也許有人長期擁護某個學說並信奉其為真理，而且對該學說太過沉迷，一旦發現有什麼不利於此學說的事物便立即排斥，像這樣的人也沒有資格；也許有人是熱切卻無鑑別力的聖經學者，在解釋《聖經》的意思時，僅將他的思想限制在字面的表達或意義上，像這樣的人也沒有資格；最後，也許有人完全沉溺於感官的享樂和對世俗的愛，像這樣的人也沒有資格。」

然後，他談到新教教義，並做結論道：「因此，遵照陛下給予我的命令——對史威登堡的著作做出完整而明確的聲明——我憑著卑微的自信，認為自己有責任宣告：根據我的研究進度，以及憑著我對調查研究和判斷的天賦能力，我發現這些著作與主的話十分一致，它們發出真正神聖的光輝。」在敵對者環伺的情況下能說出這些話，是高尚且勇敢的。

寫信向國王陳情

針對他的學說所進行的辯論，花了很漫長的時間，他的敵對者既充滿惡意，也充滿了恐懼，似乎在擔心對史威登堡進行公開攻擊的結果。小規模的迫害依然持續著，直到一七七〇年五月十日，史威登堡直接寫信給國王。

在信中，他訴說自己遭受了自基督教在瑞典建立以來從未有過的對待，更不用說有理念自由（Liberty of conscience，即思想自由、良心自由）的存在。他扼要地敘述自己的委屈，說自己遭受了攻擊、誹謗和威脅，卻沒有機會為自己辯護，儘管真理本身已經替他回答了。

他提醒陛下，他們之前的會面，他很簡潔地說：

我已經告訴過陛下，並懇請您回想起來，我們的救世主以感官可感知的樣貌出現在我面前；我所寫過的，以及我將要寫的，便是出於他的吩咐；後來，他仁慈地賜予我與天使和靈魂談話，並與他們交流的殊榮。我曾經不只一次在全體皇室的面前向陛下報告過這件事，當時他們親切地邀請我參加晚宴，一同受邀的還有五名參議員以及其他幾位人士，這是宴席間唯一討論的話題。事後，我也向其他幾位參議員提過此事，並且對仍然在世的德特辛（Tessin）伯爵、邦德（Bonce）伯爵和霍普肯伯爵談及此事，他們都對此事的真實性感到滿意。

我在英國、荷蘭、德國、丹麥以及巴黎，向國王、王子及其他特殊人士，以及本國的這些人做了同樣的聲明。如果普遍的傳聞是可信的，那麼總理已經宣布我所說的是謊言，儘管事實上是真相。我可以諒解他們無法相信和讚揚這些事情，因為我無法令其他人處在上帝使我置身其中的那種狀態裡，好讓他們透過自己的眼睛和耳朵，相信我公開宣示的那些行為及事情的真實性。我沒有能力讓他們變得能夠與天使和靈魂談話，也沒有能力施展法術來讓他們或迫使他們去理解我的話。

假如有人閱讀我的著作時，能夠專注且冷靜的思考（其中有許多以前不為人知的事情），便很容易推論出，我不可能靠著現實中所見到的，以及靠著與生活在靈界的人交流，來獲得這樣的知識。這種知識是我們的救世主賜給我的，這不是因為我個人的功績，而是為了所有基督徒的救贖和幸福。像這樣，有誰敢斷言這種知識是虛假的？這些事情其實沒有什麼特別之處，但對許多人來說可能沒有概念，所以不太容易相信，因為幾乎沒有人知道這些事情。

他在信件的最後懇求陛下保護，並請求陛下命令神職人員對這個案子表示意見，也請求出示哥特堡和來自其他地方的各種文件，以便他和其他一起受到誹謗的人，可以在聽證會上為自己辯護，這是他們應享有的基本權利。他抗議說，他給拜爾博士和羅森博士的唯一建議，是請他們求助於我們的主和耶穌基督，來作為通向天上的善和幸福的方法，因為只有主擁有『天上地下所有的權柄』（《馬太福音》28:18）。他堅稱，要是主耶穌基督的至高神性的學說被抹滅了，他寧願住到韃靼利亞（編註：指中亞的裏海至東北亞韃靼海峽一帶）去，也不願住在基督教世界中。

要是宗教評議會宣稱這種學說是異端邪說，那會導致許多不可思議的問題。但是，宗教評議會並未做出決定，他們對史威登堡的著作的意見，從未寫成報告。在史威登堡最後一次離開斯德哥爾摩之前不久，國王對他說：「宗教評議會對我的信和你的著作保持沉默。」然後他把手放在史威登堡的肩膀上，補充道：「我們可以推斷，他們在其中沒有找到什麼值得責備的地方，你寫的東西是符合真理的。」

作品在祖國被禁

在這整個事件中，史威登堡一直表現得沉著冷靜，儘管已經是高齡的老者，他仍然像以往一樣孜孜不倦地工作。從前面所說的一切來看，爭論似乎以對他有利的方式結束了。但實際情況並非如此，因為他在次年，也就是一七七一年發現，他的敵對者成功取得了嚴格的禁令，禁止他的作品輸入瑞典。他打算向國會提出正式申訴，反對此禁令，但不確定他最終是否實現了這個想法。

最後，他寫信給烏普薩拉、隆德和奧博等大學，堅決主張國家裡的每個社會階級都應該有自己的宗教評議會，不應該認可由哥特堡宗教評議會獨占權威。他主張，宗教事務不僅屬於牧師，也屬於其他人。

整件事情至此結束，可以說是史威登堡受到的唯一接近迫害的事情。考慮到他提出的許多異端觀點，整體看來，他幾乎沒有什麼可抱怨的。許多跟隨他宣傳新神學的人，成就沒有那麼好，還受到了更糟糕的待遇。

他溫和及簡單的謹慎作風，在許多年裡保護他免於阻礙和干擾。但最重要的是，神的應許真正地實現了，他不會受到傷害。

此時，他在斯德哥爾摩皇家科學院的幾位老同事，收到他最後一次的聯繫。他寫了一封信給他們，解釋《聖經》中的一些對應關係及其起源。他在信中說：「對應科學在古代被視為眾科學之首，構成了古人的智慧。社會中有人投入到這個領域裡，肯定是很重要的。如果有需要的話，我樂意解開埃及象形文字的含義，因為這些無非就是對應關係。對於這些從《聖經》中發現，並在《啟示錄揭秘》中得到證實的對應關係，要發表對它們的精細分析，是其他人無法完成的工作。」至於科學院是否接受這個提議，並沒有相關紀錄。哈特雷先生也收到了這封信，史威登堡希望他和他的朋友能考慮這個問題。這封信現在收錄在他的論文《白馬》的附錄中。

史威登堡現在準備離開斯德哥爾摩，展開另一趟旅程。

在一七七〇年七月二十三日給拜爾博士的信中，他寫道：「幾天後，我即將前往阿姆斯特丹，故在此信中先向您告別，希望我們的主保佑您身體健康，保護您不受進一步的傷害，願主保佑您的想法。」

卡爾．羅伯桑告訴我們，史威登堡在離開的那一天去拜訪過他。

「當他（史威登堡）最後一次離開瑞典時，在離開的那天主動來到我工作的銀行，提供了一份反對在他缺席期間對其著作進行任何譴責的抗議書。該抗議書所根據的是瑞典的法律，他在其中聲明，教士院不是宗教事務中的唯一審判者，因為神學也屬於其他議院的範疇。當時我問他，是否會再次見到他。他的回答溫柔而感人，他說：『我現在還不知道我是否會再回來，但有一點我可以向你保證，因為主已經向我應許，直到我將《真實的基督教教義》（或譯：基督教要義）這部作品付梓之前，都不會死去。現在，這部作品已經準備好要印刷了，我正是為了它才踏上這次旅程。如果我們在肉體上不能再相見，只要我們在這個世界上按照祂的旨意而不是按照我們自己的意思活著，就會在主面前相聚。』他向我道別時，既歡樂又快活，就好像他正處在巔峰的年紀一般。而那一天，他永遠離開了瑞典。」

「我問史威登堡，他的解釋在基督教世界裡是否會被接受。他說：『關於這一點，我無法說什麼。但我想在適當的時候，它們將會被接受，否則主就不會揭示那些以前被隱藏的事物了。』」

第 18 章

史威登堡與友人們

造訪圖克森將軍的家

在前往阿姆斯特丹的航程中，載著史威登堡的船因為逆風而擱淺在赫爾辛基外海。圖克森將軍聽說史威登堡在附近，便決定把握這個機會，搭乘小艇去拜訪他。

圖克森由船長領進船艙之後，便看見史威登堡沒穿外衣，將手肘擱在桌上，雙手托著臉，臉朝向門口，目光炯炯有神。圖克森立即向他打招呼，此時，史威登堡從異象狀態中恢復，有點困惑地站起來，然後歡迎圖克森，問他是從哪兒來的。

圖克森回答說，他前來邀請史威登堡到家中作客。史威登堡立即答應，並迅速整理了一下服裝。將軍的夫人身體抱恙，在家中接待他，並表示，如果有任何招待不周的地方，請他諒解，還說她已經患有某種疼痛的疾病長達三十年之久。史威登堡禮貌地親吻了她的手，並回答說：「我們不要談論這個，只要順從上帝的旨意，一切都會過去，你會恢復到十五歲時的健康和美麗。」夫人回覆了一些話，他又說：「是的，在幾個星期之後。」他們由此推斷他話中的意思是，那些根源於心靈並造成身體衰弱的疾病，在死後不會立即消失。

圖克森說：「當時我和妻子、現在已故的女兒，以及三、四位年輕的女士們（我的親戚）在一起，他對他們非常禮貌和關心，聊著一些不是很重要的話題，比如養在房間裡的寵物狗和貓，牠們會到他懷裡撒嬌，跳上他的膝蓋，玩弄著牠們的小把戲。在瑣碎的對話中所夾雜的奇怪問題，他都樂意回答，無論是關於這個世界還是另一個世界。

「我趁機說，很抱歉，除了生病的妻子和年幼的女兒，我找不到更好的伙伴來逗他開心。他回答說：『難道這不是很好的陪伴嗎？我一直非常偏愛女士們的社交。』停頓了一會兒之後，他把目光放在一台大鍵琴上，問我們喜不喜愛音樂，又是誰在彈奏。我告訴他，我們都喜歡音樂，我妻子在年輕時曾經練過，因為她有一副美妙的嗓音，也許比丹麥的任何人都好，因為有些在法國、英國和義大利聽過最好的歌手唱歌的顯要人士都曾這麼向她保證過，而我的女兒也彈奏得相當有品味。

「於是，史威登堡要求我女兒彈奏。她便演奏了一首難度較高的知名奏鳴曲，他坐在沙發上用腳拍著節奏。演奏完畢後，他說：『好極了！非常精彩。』她又彈奏了另一首由魯蒂尼（Rutini）創作的曲子。她彈了幾分鐘之後，他說：『這首是義大利人寫的，但第一首不是。』這首曲子結束後，他說：『好極了！你彈得很好。你也唱歌嗎？』她回答說：『我唱歌，只是歌喉不是很好，但我喜歡唱歌，如果我媽媽願意伴奏的話，我就會唱。』他邀請我妻子加入，她答應了，她們唱了幾首義大利二重唱，以及一些法國曲子，每個人都以自己的風格演唱。他隨著節奏拍打，之後還多次稱讚我妻子，儘管她長期生病，卻仍保有良好的品味和美妙的嗓音。

「我趁機對他說，他在著作中總是宣稱，在任何時候，另一個世界的靈魂，無論好的或壞的，都與人同在；那麼，我可以大膽地問一下，當我的妻子和女兒在唱歌時，是否有來自另一個世界的靈魂與我們同在？他回答說：『是的，當然有。』當我問他們是誰，以及我是否認識他們時，他說是丹麥的皇室家族，他提到了克里斯蒂安六世（Christian VI）、索菲亞・瑪格達蓮娜（Sophia Magdalena）和弗瑞德里克五世，他們透過他的眼睛看到和聽到了這一切。我不確定他是否還提到了受人愛戴的已故女王路易莎（Queen Louisa）。之後他便離開了。」

在史威登堡拜訪圖克森將軍的這段期間，圖克森出示了史威登堡寫給哈特雷的自傳信，信的開頭是：「我出生於一六八九年。」但史威登堡說他並不是在那一年出生的，而是在前一年。圖克森問他那是不是印刷錯誤，他說：「不是。」並補充道：「也許你還記得，在我的著作中有許多地方都提過，每一個號碼或數字，在精神層面上都有一定的對應關係或意義。當我在那封信中寫下真實的年份時，有位天使現身，叫我寫成一六八九年，因為那對我來說比較適合。天使補充說：『你注意到了，在我們這裡，時間和空間都不重要。』」

荷蘭紳士眼中的史威登堡

一七七〇年九月，史威登堡抵達阿姆斯特丹之後，立即著手出版他的手稿《真實的基督教教義》。一位名叫保拉斯．阿布．因達吉尼（D. Paulus ab Incagine）的紳士似乎與史威登堡有著密切的關係，在兩封信中提到了史威登堡的生活。

你問我史威登堡這位可敬的老人家現在在忙什麼。我可以告訴你，他飲食適量，但待在房間裡的時間相當長，十三個小時對他來說似乎不算太多。當我告訴他，他的著作《宇宙中的地球》已經被翻譯並出版時，他非常高興，他那總是帶著笑意的眼睛變得更加明亮。他現在正勤奮不懈地工作；我必須說，他以一種驚人而神奇的方式進行新工作。想想看！對於每一張四開的印刷紙，他需要準備四張手稿；他現在每週印刷兩張，並且自己校對，因此他每週需要寫八張手稿。而讓我覺得無法想像的是，他事先連一行寫好的文字底稿都沒有。他自己說，他的作品大約有八十頁。

這本書的標題是「真實的基督教教義——包含新教的普世神學，如主在《但以理書》和《啟示錄》中所預言的，由耶穌基督的僕人伊曼紐·史威登堡執筆」，對於他把自己當成耶穌基督的僕人並放在標題頁上，我無法掩飾我的驚訝。但他回答說：「我已經問過了，我不僅得到許可，還被吩咐要這樣做。」

對於靈界、天使和上帝本身的事物，這位老紳士談論自如，著實令人驚訝。光是把我們上次對話的內容提供出來，就會占掉許多頁面。他談到了自然主義者，那些人把一切歸因於自然，而他在他們死後不久見過他們，其中甚至包括許多神學家，或者至少是在此世將神學當作職業的人。他告訴我一些令人戰慄的事情，但為了不要對他有過於草率的判斷，我將此事略過。

我願意承認自己不知道該如何對他下定論；他是一個我無法解決的問題。我衷心希望，上帝已經將正直的人放到錫安城牆上守望者的位置上，而且這些人早就在關注史威登堡。

＊＊＊

我忍不住要告訴你關於史威登堡的新消息。上週四我去拜訪他，發現他像往常一樣在寫作。他告訴我，當天上午他和已故的瑞典國王談話談了三個小時。他曾經在週三見過他，但由於他注意到國王正在和仍然活著的女王深入交談，所以他不想打擾他。我讓他繼續說，但在最後問他一個問題，即一個活在人間的人怎麼可能出現在靈界中。他回答說，那不是女王本人，而是她的使靈（familiar spirit）。

我問他，「使靈」是什麼意思，因為我沒有從他那裡聽說過這種東西，也沒有讀過任何相關的內容。他跟我說，每個人都有好或壞的靈魂，這個靈魂不僅時常與他在一起，有時還會稍微離開他，並且出現在靈界中。不過，還活著的人對此一無所知，但靈魂卻知道一切。這個使靈的一切，都與他在地球上的夥伴一致；在靈界中，他有相同的身形、相同的容貌和相同的聲音，也穿著相似的服裝。總之，史威登堡說，女王的使靈看起來就像他在斯德哥爾摩常看過和聽過她說話的女王本人。

為了消除我的驚訝，他補充說，萊比錫的恩雷斯蒂（Ernesti）博士在靈界也曾以類似的方式出現在他眼前，然後與他辯論了許久。當這位博學的教授本人聽到這件事的時候，他會說什麼呢？也許他會說這位老人家已經變成老小孩了。我常常對自己感到驚訝，當我從他口中聽到這麼奇特的事情時，是怎麼忍住不笑的。但更重要的是，我常常聽到他在一大群紳士和淑女面前講述同樣的事情，我知道其中有些人是愛嘲弄別人的，但沒有一個人想笑。當他說話時，彷彿每個人都被施了魔法，不得不相信他。

他並不沉默寡言，也不遁世，而是坦誠開朗，對所有人都很親切。任何邀請他作客的人，都可以預期他會赴約。上週有一位年輕紳士邀請他去作客，雖然他不認識對方，但仍如期赴宴。在那裡，他遇到了猶太人和葡萄牙人，他毫不拘束地與他們交談，不分彼此。任何感到好奇而想見他的人，只要到他家去，他會允許任何人接近他，不會有困難。然而，可以想像的是，他常受到太多的拜訪，因此被剝奪了許多時間。

對於批評與懷疑的回應

大約在此時，恩雷斯蒂博士在他的《神學大全》裡抨擊史威登堡，而史威登堡只發表了一頁文字作為回應，其果斷尖銳的內容確實是有效的。內容如下：

「我讀了恩雷斯蒂博士所寫的關於我的東西，其中只有人身攻擊，我沒看到他用理性來反對我著作中的任何東西。以如此狠毒的武器攻擊他人，違反了正直的法則，我認為與那種名人鬥嘴，實在有失我的身分。我不會用誹謗來反擊誹謗，因為如果這樣做，我就會與那些會叫又會咬人的狗一樣，或者與那些在街頭爭吵、朝彼此的臉扔泥巴的人一樣。如果你願意的話，請閱讀我書中所寫的內容，然後根據理性來對我所揭露的事情做出結論。」

赫斯・達姆史塔特（Hess Darmstadt）親王寫信給史威登堡，請求幾項信息。起初，史威登堡對這封信的真實性感到懷疑，並沒有回覆，直到那位親王的牧師范納特（M. Venator）解除了他的疑慮。

在回信中，他對那位親王說：「我們的救世主曾預言他將再次降臨人間，並在這裡建立一個新教。但由於他無法親自來到人間，因此需要一個人來完成這項任務，這個人不僅應該接受他理解中的新教教義，還應該透過出版來推廣它。由於主從我幼年時就為這個職務做好了準備，他親自在我——他的僕人——的面前現身，並派遣我來實現這項任務。」

親王再次寫信給史威登堡，詢問他與瑞典女王的兄弟的交流「奇蹟」，史威登堡回答說故事是真實的，但「並非奇蹟」。

他還寫信給范納特牧師說：「那些事情絕對不應該被視為奇蹟，它們只是證明我被主引入靈界，並與天使和靈魂交流，讓直到現在對那個世界仍一無所知的教會知道，天堂和地獄是真實的存在，人在死後仍然像以前一樣生活，因此，對於自己的永生再也不會疑惑。主啊，我祈求你消除他的疑慮，讓他知道這些不是奇蹟，只是我與天使和靈魂交談的證明。你可以在《真實的基督教教義》中看到，現在不再有奇蹟。為什麼呢？這是因為，那些由於看不到奇蹟而不相信的人，很容易為了所謂的奇蹟而陷入狂熱。」

史威登堡在另一處提到奇蹟時寫道：

如今，取代奇蹟的是主自己公開現身，是穿越靈界，以及在有關教會內在事物的一切事情上，獲得來自主的直接觀點的啟發，但主要是開示《聖經》的靈性意義，在其中，主出現在自己的神聖光輝裡。

這些啟示並非奇蹟，因為每個人的靈魂都存在於靈界，而不是與他在自然界的身體分離。至於我自己，我出現在靈界時確實伴隨著某種程度的分離，但只在於我心靈的才智部分，而不在於意志部分。

主的現身以及穿越靈界，比所有的奇蹟都更卓越，但這在創世以來從未像授予我一樣的授予過任何人。的確，黃金時代的人會與天使交談，但是他們並沒有被賦予除了自然之光以外的其他光輝。然而，對我來說，同時身處於靈性之光和自然之光中是被允許的，因此我有幸看到天堂的奇妙之處，與天使同在，就像我與人同在一樣，同時，我在真理之光中追求真理，所以能察覺和被賜予真理，因此被主所引導。

| 第 19 章 |

關於史威登堡的友好記述

德國的宗教思想家之一——拉瓦特（Lavater），他對史威登堡的尊敬足以在兩封寫給他的信中顯示出來。第二封信比較短，引述如下：

尊貴、可敬、受主基督照拂的閣下：

我大膽再次致書給您，因為您也許在旅途中而未收到我的另一封信，但我終於找到了一種可能會寄到您手上的方式。

我崇敬您獲得上帝的奇妙恩賜，我崇敬您在著作中閃耀的智慧，因此，忍不住想尋求與如此偉大優秀的現世人士的友誼。如果所聞之事屬實，上帝將會向您證明，我多麼渴望以純樸的心靈與您交談。我是一名未滿三十歲的年輕人，是一位福音傳播者，為基督服務是我畢生的職志。我曾寫過關於未來生活福祉的東西。哦，但願我能與您在這個主題上做信件交流，若能當面談論更好！

我補充說明：您會認識我的靈魂。

我懇求您一件事，被神啟發的人！我以主的名義懇求您，不要拒絕我！

一七六八年三月，我最好的朋友費利克斯．赫斯（Felix Hess）去世了，年僅二十四歲，是一位正直的蘇黎世青年，擁有高尚的心靈，追求基督精神，但尚未完全與基督合一。我懇求您告訴我，他現在在做什麼。請以言辭描述他的樣貌、狀態等等，好讓我知道您心中懷有上帝的真理……

我是您在基督裡的兄弟，請您盡快回復一個真誠的兄弟。請您在回信中讓我看到他人的證詞，我會透過這些證詞而相信。

願基督與我們同在，我們屬於祂，無論生或死。

約翰．賈斯伯．拉瓦特（John Casper Lavater）

孤兒院牧師

一七六九年九月二十四日於瑞士蘇黎士

關於這封信所得到的回覆，有間接的消息指出，兩年後史威登堡打算前往瑞士拜訪他的通信對象。

他的著作對拉瓦特的觀點所產生的影響，明顯地呈現在拉瓦特的《十五封信：關於我們透過基督與上帝修好的聖經教義》以及他的論文《耶穌基督永遠是一樣的，不受時間和空間限制》之中。

＊＊＊

另一位詩人暨宗教作家，馬提亞斯．克勞迪斯（Matthius Claudius），雖然不曾與史威登堡結識，卻反映出他對史威登堡的敬重。

他說：「現在，在史威登堡熟悉了當時所有的學問，並且在個人和整個社會授予了最高榮譽後，他開始看到靈魂。……他一直是一個品德高尚的人，內心深受可見世界的美麗和莊嚴的影響。……我們不禁想到，世界上有靈魂的存在，史威登堡在他有生之年時，常常認真地、甚至在臨終時都堅稱……他能夠看到靈魂，而且確實看到了。就像新大陸在哥倫布發現之前就真正存在一樣──儘管我們歐洲人對它的存在一無所知──也許有可以看到靈魂的方法……許多有智慧的人認為，我們周圍或許就隱藏著大量的真理。」

* * *

法國班德拉羅許（Ban-de-la-Roche）的奧伯林神父（Father Oberlin）因愛和虔誠而廣受世人的尊敬。一位來自英國的訪客，史密森牧師（Rev. J. H. Smithson），問他是否讀過史威登堡的任何著作。

奧伯林神父立刻拿起一本書，在上面拍了一下，表示非常滿意。他說，他把這個寶藏保存在圖書館裡已經很多年了，也從自己的經驗中知道書裡所描述的一切都是真實的。這個寶藏就是史威登堡的《天堂與地獄》。當被問到他怎麼能夠確信之時，他的回答如下：

在他當牧師之後，第一次來到斯坦塔爾（Steinthal）和居民住在一起時，他們對於靈界的接近和靈界中各種物體及現象的出現，有許多迷信的觀念，這些現象不時地被他的一些教民看到。例如，一個已經去世的人出現在山谷中的某個人面前，這種情況並不罕見。然而，這種使人能夠看到處於靈性狀態的物體的通靈眼天賦，或者說是靈性視野的開啟，卻僅限於少數人，而且只持續了很短的時間、在不同的時期發生。每次發生這種事件，消息都會傳到奧伯林那裡，最終讓他很苦惱，他決心要從講壇上消除這種迷信。他努力了很長的一段時間，但幾乎沒有什麼效果。案例變得更加頻繁，情況太引人注意，甚至連奧伯林自己的懷疑態度都動搖了。

就在此時，他造訪斯特拉斯堡（Strasburg），遇到了《天堂與地獄》這本書，那是一位朋友建議他閱讀的。這本書給了他對山谷中所發生的不尋常案例，有了充分且令人滿意的解釋。那些離奇的案例獲得圓滿的解決，令他十分欣喜。

他非常專注地閱讀這本「寶藏」，歡喜的情緒日益增加。他不再懷疑靈界的接近；他相信人類憑藉著他更高尚的部分——不朽的心靈——已經是靈界的居民，而且在一個人的肉體死後，他仍然繼續存在，直到永遠。他清楚地看到，由於兩個世界之間存在著相應的關係，當主願意時，人類可以藉著打開他的靈性感官，輕易地與靈界進行交流。他觀察到，這在《舊約》中提到的先知身上經常發生，那麼，如果神的旨意是如此，為了更充分地教導人類有關他們與靈性存在狀態的關係，並且用有關天堂（善良者的最終歸宿）和地獄（邪惡者的最終住所）的更準確且豐富的觀點，來填補他們的心靈，為什麼現在就不能如此呢？……

根據史威登堡的學說，奧伯林從所謂的「見證」中看到，主的國度是一個以用處為中心的國度，因此他將自己生命中所有的努力和行動都歸結為一個要素——用處。他教導他的人民成為有用的人，避免一切惡行，因為那是對主的罪過。成為有用處的人，這種生活才是真正的天堂生活。

第20章

定居倫敦

理查・席爾史密斯（Richard Shearsmith）是一位假髮製造商，住在科德巴斯區（Coldbath）。史威登堡之前來到倫敦的時候，曾在他家裡住了兩年左右。

一七七一年八月，史威登堡從荷蘭乘船抵達倫敦後，便搭乘馬車前往席爾史密斯先生位於格瑞巴斯街（Great Bath street）的住所。席爾史密斯先生正準備外出辦事時，聽到馬車窗裡傳來外國人的聲音，對馬車司機喊道：「就是他！就是他！」馬車隨即停下，而史威登堡被席爾史密斯熱情地迎接到屋裡。但當他透露自己的來意，表示希望能夠繼續租他之前的住處時，得知那個房間已經被別的家庭租下了。然而，奇特的是，那家人在聽到史威登堡的願望之後，即使之前不認識，仍然立刻讓出了房間。

寧靜的居所

對於史威登堡這位老先生來說，這裡是他感到賓至如歸的地方，原因是這間房子裡有一股寧靜的氛圍。最初他是在尋找一位已經搬離附近的前房東時，偶然發現這個地方的。他到另一個地方詢問時，坦率地婉拒了那裡提供的住宿，直言那個家中缺乏和諧氣氛。那位善良的女士同樣坦率地承認了這個事實，並推薦席爾史密斯的家。

根據席爾史密斯夫人的說法，史威登堡自己才是「這個家的福氣，因為當他在那裡的時候，他們既和諧，生意又做得好。」

席爾史密斯先生起初對他的房客感到擔憂，原因是他「日夜不停地講話」，有時候是在寫作時說話，有時候站在門口，好像在與某個進來或離開的人說話。不過，由於史威登堡說的是席爾史密斯聽不懂的語言，他不知道史威登堡到底在做什麼。儘管如此，席爾史密斯對他的房客仍然感到滿意。就像在家裡一樣，「他不受時間、季節和日夜的影響，只有在自己感到需要休息時才休息。他不沉迷於不必要的享樂。在與席爾史密斯先生同住的期間，他沒有去任何宗教場所。」

一位宗教學教授向席爾史密斯先生提出異議，認為史威登堡不可能是個好基督徒，因為在他的靈性勞動中，他沒有特別注意安息日，完全忘記了那天是星期幾，但被提醒時又感到高興。對此，席爾史密斯先生回答說：「對於像史威登堡這樣的好人來說，他生命中的每一天都是安息日。」自從他搬到這個房子的第一天起，「直到他生命的最後一天，他始終以最理性、最謹慎、最虔誠、最符合基督教精神的方式行事。」

史威登堡的退休俸使他在金錢上沒有後顧之憂。然而，他在日記裡提到：「到目前為止已經連續三十三個月的時間，我的心靈一直處在脫離身體感覺的狀態，因此可以出現在靈界和天國中。但每當我專注於世俗事務，或者對金錢有憂慮和渴望時（例如，今天我為此寫了一封信），就陷入了物質狀態。靈魂們讓我知道，他們無法與我交談，而且他們在某種程度上是不在場的。這告訴我，靈魂不能與專注於世俗和物質事物的人交談，因為世俗的東西會降低一個人的思想程度，並且把他的思想淹沒在物質中。——一七四八年三月四日。」

無論他的動機是什麼，他都不會販售神學著作並得收益，而是全部奉獻給宗教組織。他很少施捨金錢給乞丐，曾在著作中的幾個地方，反對透過施捨來滿足自己的虛偽慈善。他告訴我們，習慣乞討的人過著邪惡和不虔誠的生活，把錢給他們實際上是在詛咒而不是祝福他們。

史威登堡不會把錢借給別人，因為他說，那樣做是讓錢白白損失。此外，正如他所說的，他所有的錢幾乎都用來支付旅行和出版的費用。

史威登堡在晚年沒有大批的藏書，只有各種版本的《聖經》和自己的手稿。當他已經了解了天堂時，還需要人類的書籍嗎？

史威登堡的裝扮與談吐舉止

理查．席爾史密斯先生透露了關於史威登堡的一些有趣情報，包括他的習慣和生活方式。

他外出拜訪他人時，通常會穿著黑色天鵝絨西裝，款式老舊，配有一對長長的褶襉飾邊，另外還帶著把造型奇特的劍和一根金頭手杖。他在晚年對世俗事務的關注越來越少。在外出散步時，他似乎投入在靈性交流中，很少注意街上的人、事、物。

當他與貝格斯壯（Bergstrom）同住時，通常在早餐後外出散步，穿著整潔的天鵝絨衣裳，看起來很體面。

瑟凡戴（Servanté）先生是最早也是最熱情地接受新教教義的人之一。在接受新教的真理之前，有一次，他走在倫敦的聖約翰街上，遇到一位相貌莊重、令人肅然起敬的老紳士，他沉思但溫和的神情，為他添上了不尋常的氛圍，引起瑟凡戴的注意。因此，他轉身想再次看看這位陌生人，而對方也轉過頭來看著他，那個人就是史威登堡。

然而，直到幾年後看到史威登堡的畫像，瑟凡戴才意識到那位莊重的老紳士，就是他現在如此真誠愛戴、如此認真研究的那些著作的作者。

史威登堡的身高大約一百七十五公分，身材削瘦，膚色較深。他的眼睛很小，呈深棕灰色，接近榛子色。他的臉上總是帶著一抹愉快的微笑。舉止像是上個世紀的貴族和紳士，有些保守，但很親切，對所有人都很開放，他的舉止中帶有一些非常親切和吸引人的特質。無論他到哪裡去，都會留下良好的印象。

他從不在宗教事務上與人爭辯，但假如不得已要為自己辯護，他會溫和且簡短地說明。如果有人堅持辯論並對他表示不滿，他會保留餘地，建議他們閱讀他的著作。

有一天，當公誼會（Society of Friends）會員庫克沃茲（Cookworthy）先生與史威登堡在他的住所時，一位在場人士對他所說的某些事情提出異議，並自顧自地辯論。但史威登堡只是回答說：「這些事情是我從天使那裡得到的資訊。」

另一天，當他在倫敦和一些瑞典牧師共進晚餐時，一位好辯者試圖反駁有關主的教誨以及我們對主的義務的論點。

根據伯克哈特（Burkhardt）先生的說法，「史威登堡推翻了對手的主張，對他來說，他的對手在知識方面顯得像一個孩子。」

講究的飲食習慣

史威登堡幾乎是一位素食主義者。理查・席爾史密斯說，他有時會吃一點鰻魚。他的僕人則表示，他也吃過一些鴿子派，但通常的飲食是麵包、奶油、牛奶、咖啡、杏仁、葡萄乾、蔬菜、餅乾、蛋糕和薑餅。他常常帶著薑餅出門，到科德巴斯廣場附近（現在已被房屋覆蓋），分給在周圍玩耍的孩子們。他往往只喝水，但在聚會時偶爾會喝一、兩杯酒，不過從不多喝。他不吃晚餐；他很喜歡喝咖啡，而日喜歡非常甜的口味，不加牛奶。在斯德哥爾摩的家裡，他的書房幾乎整個冬天都不停地燒著爐火。他常常自己煮咖啡，白天和晚上都會喝。

史威登堡從得到啟蒙開始，就對自己的飲食非常講究，他的日記裡有許多關於他的食物以及各種營養品引發的靈性關係的紀錄。

例如在「放縱的臭名聲」的標題下：「有一個晚上，我吃了很多牛奶和麵包，多過於靈魂們認為適當的程度。在那種情況下，他們一直談論著放縱，並指責我不加以節制。」實際上，一七四三年在倫敦，他的通靈眼甫開啟之初，由於大量運動而感到飢餓時，他的食慾很大。這時，陌生的靈魂出現了，在向他問候時說：「不要吃得太多。」

他在《天堂與地獄》裡寫道：「天上也賜予我這樣的能力：知道人們所受的焦慮、心裡的悲傷和內在憂鬱的來源，這種悲傷和內在憂鬱被稱為憂鬱症，罹患之人頗為痛苦。有一些尚未進入地獄的靈魂，仍處於初始的狀態，他們喜愛不易消化和有害的物質，例如腐爛在胃裡的食物。因此，這些靈魂出現在人體中有這些物質的地方，因為這些東西對他們來說是愉快的。在那裡，他們出於自己的邪惡情感而彼此交談。他們交談中所包含的情感，滲透到那個人的身體裡；如果情感與那個人的情感相牴觸，他就會感到憂鬱、悲傷和焦慮；但如果情感與那個人的情感相一致，他就會變得開心和快樂。這讓我很清楚的看到，有一些不知道何謂良心的人所抱持之信念的源頭，因為他們沒有良心，所以把良心的痛苦歸咎於胃部的失調。」

關於宰殺動物和吃動物的肉，他在《天國的奧秘》中這樣寫道：「就事件的本身來說，吃動物的肉是一種褻瀆的行為，因為最古老的人們絕不吃任何動物或禽鳥的肉，只吃穀物，尤其是小麥製成的麵包，還有樹上結的果實、豆類、牛奶，以及由牛奶製成的產品，例如奶油。」

「宰殺動物並吃牠們的肉，對人們來說是不合法的，並且似乎是一種野獸般的行為；人們滿足於動物提供的用途和服務，這一點正如《創世紀》（1:29-30）中所說的那樣。但在後來的時代，當人類開始變得像野獸一樣凶猛，甚至更加凶猛時，便開始殺害動物並吃牠們的肉。因為人類從前就是這樣，所以這是被允許的，而今天也是如此。只要人類基於善惡觀念而做的，就是合法的，因為他的良心是由他認為是真實的所有事物，以及他認為合法的所有事物構成的，因此，到目前為止，沒有人因為吃肉而受到任何譴責。」

史威登堡有當代人的習慣，使用鼻菸，因此，他的一些手稿上仍然留有灰黑色粉末的痕跡。

| 第 21 章 |

人間的最後一天

在一七七一年的聖誕夜，一場中風使得史威登堡失去了說話能力，身體的一側也受到了損害。此後，他昏睡了三個多星期，除了喝一點不加牛奶的茶和偶爾喝點涼水，以及某次吃了少量的紅醋栗果醬外，沒有吃其他食物。這段期間結束後，他的說話能力和健康都有所恢復，並且開始像往常一樣進食和飲水。

此時，哈特雷先生和梅西特博士前來拜訪他，問他是否像以前一樣與天使們交流並感到安慰；他回答說「是」。然後，他們要求他聲明，他所寫的一切是否絕對屬實，或是有部分內容應該被排除。史威登堡帶點熱切地回答：「我寫的只有真理，關於這一點，你們在這一生中只會越來越確信，只要你們與主親近，並忠誠地侍奉他，避免一切詆毀祂的邪惡罪行，並勤勉地在《聖經》中從頭到尾仔細搜索，就會發現裡頭無可爭辯地證明了我向世界傳遞的學說的真實性。」

此時的史威登堡似乎喜歡獨處，很少與人交往。他的老朋友，瑞典駐倫敦領事史普林格，在他去世前一、兩個星期去拜訪了他。史普林格問他，相信新耶路撒冷或主的新教何時會彰顯於世，以及這樣的彰顯於世是否會發生在世界各處。史威登堡回答說：「沒有任何凡人可以宣告時間，甚至連天上的天使也不行，只有主才會知道。閱讀《啟示錄》（21:2）和《撒迦利亞書》（14:9），你會發現，不容懷疑的是，在《啟示錄》中提到的新耶路撒冷，它代表了一個比迄今為止存在的基督教教會更新、更純潔的狀態，它將會向全世界展現它自己。」

史普林格說，大約在這個時候，史威登堡告訴他，經過了這麼多年的恩賜，他的通靈眼現在已經被收回了。這個世界對這種事情一無所知，也毫不在乎，但對他而言卻是莫大的折磨。他無法忍受這樣的盲目，不斷地喊道：「哦，我的神啊！你終究遺棄了你的僕人嗎？」這種狀態持續了幾天，但這是他最後的考驗，後來，他恢復了珍貴的通靈眼，並且很開心。

最後信件

大約在此時，他以拉丁文寫了一封便箋給約翰・衛斯理教士（Rev. John Wesley），大意如下：

科德巴斯廣場，格瑞巴斯街，一七七二年七月。

先生——我在靈界中得知您強烈地渴望與我交談。如果您願意來訪，我會很高興見到您。

您謙恭的僕人

伊曼紐．史威登堡

當這封信交到衛斯理先生手上時，他正與一些傳教士在一起，安排他們那一年的傳道行程。衛斯理大聲朗讀這封信，坦率地承認他曾極強烈地渴望與史威登堡見面，但他沒有向任何人透露過這個願望。他回信表示，當時他正忙於準備為期六個月的旅行，將在返回倫敦後拜訪史威登堡。史威登堡在回信中表示，對方建議的拜訪時間太晚，因為他將在下個月（三月）的二十九日進入靈界，永遠不會回來了。

最後，衛斯理沒有去拜訪，他們也沒有見到面。要是他聰明一點，應該抓住這次機會，尤其是在收到這樣的邀請後。如果他們見面了，衛理宗（Methodism）可能會有所不同。

這則逸事的來源是衛理公會傳教士山謬．史密斯（Samuel Smith），當衛斯理收到史威登堡的來信時，他就在現場。這封信引起了史密斯對這位卓越人物的著作的好奇心，結果是，他對於這些著作中所宣揚的學說，堅信其合理性和真實性，並在餘生中積極地努力推廣這些學說。

人間最後的幾天

在史威登堡待在人世的最後幾天，貝格斯壯先生前來探望他；史威登堡曾在威爾克洛斯廣場（Wellclose Square）的金絲昂（King's Arms）旅館住過，當時的店主便是貝格斯壯。

史威登堡告訴他，自從因中風而讓主拿走了他手臂的功能之後，他的身體再也沒有用，只能埋在地下。貝格斯壯先生問他是否願意接受聖餐，當時有人提議他去找瑞典教會的教士馬帝修斯（Mathesius）先生。史威登堡立即婉拒了，因為那個人曾在外頭謠傳說史威登堡神志不清（馬帝修斯本人在其後的幾年裡變得精神錯亂）。

另一位瑞典教會的神職人員阿維德．菲洛留斯（Arvid Ferelius）與史威登堡的關係非常好，他在史威登堡生病期間經常去探望，於是他被找來了。菲洛留斯對史威登堡說：「許多人認為，你只是想藉著發表新神學系統來出名或搏得聲望。為了向世界展現公正，此刻你應該準備好，宣布放棄全部或部分你所寫的東西，因為現在你對即將永遠離開的世界已經沒有期望了。」

聽到這些話，史威登堡從床上坐了起來，將健康的那隻手放在胸前，以極大的熱忱強調說：「你眼前所看到的我是真實的，我所寫的一切也是真實的。假如允許的話，我會說得更多。當你進入永恆時，將會看到我所描述的一切事物，然後我們會對那些事物進行許多討論。」

菲洛留斯問他是否願意接受主的聖餐。史威登堡回答說：「你的用意是好的，但我作為另一個世界的一員，並不需要它。然而，為了展現天堂教會和人間教會之間的聯繫與結合，我很樂意接受。」然後他問菲洛留斯，是否讀過他對聖餐的看法。

菲洛留斯在施以聖餐之前，問他是否承認自己是一個罪人。「當然，只要我帶著這個有罪的身體，我就是一個罪人。」史威登堡說。他非常虔誠地雙手合十，不蒙著頭，承認了自己的不值，並且接受聖餐。然後，他拿了一本《天國的奧秘》贈送給菲洛留斯，並對他的親切關懷表示感謝。

他知道自己最後的日子已近，他告訴旅館的人，他將在哪一天離世。希爾史密斯的僕人說：「當時他的心情就像我放假或參加某種歡樂的活動時那樣高興。」

他的意識一直到最後都很清楚。一七七二年三月二十九日星期日，旅館的女主人和女僕都坐在他的床邊，聽到鐘聲響起時，他問她們現在幾點了，而得到的回答是五點，他說：「很好，我感謝你們，願上帝保佑你們。」不久之後，他平靜地離開人世，當時他已經八十四歲八週又五天。

史威登堡的葬禮由菲洛留斯牧師主持，在倫敦的友善瑞典人負責了相關事務。史威登堡的遺體放置在三重棺材中，安葬於倫敦王子廣場（Prince's Square）附近的瑞典教堂地下室。

世人的禮讚

在史威登堡去世之後的十月七日，皇家礦務局的顧問山繆・桑度斯在斯德哥爾摩貴族院的大廳中，代表皇家科學院及其成員致上頌詞，摘錄如下：

各位，請允許我在這個場合引導大家的思緒，不去談論一個遙遠或乏味的主題，而是一個對我們來說既是職責也是樂趣的話題：讓我們緬懷一位高尚的人士，他因美德和淵博的知識而享有盛名，是本學院最資深的成員之一，我們都認識他，也愛戴他。

這位天才從不知道休息或疲憊；他長時間致力於探索自然的秘密，在科學上最深奧的領域裡苦苦鑽研，但在晚年，他將所有精力用來揭開更大的奧秘。在某些知識原則上，他走自己的獨立道路，但從未忽視道德原則和對上帝的敬畏。即使在晚年，他仍擁有驚人的能力，大膽地試圖探索思考能力的極限。在此期間，他利用大量素材對自己進行各種思考和評判；……他如此不懈和熱心地為知識與啟蒙事業而工作，以至於除了太深度地渴望探究之外，我們幾乎找不到他性格中的任何缺點。

桑度斯接著說：

如果有人要我坦白地指出他的缺點，我會這麼比喻：就像有一個人把所有時間都投入到準備一種萬能溶劑中——一種能解決由自然或藝術所產生的任何事物的溶劑，卻忘了沒有任何容器能夠保存它。史威登堡對於懂得很多並不滿足，他對知的渴望超過了任何一個凡人所能理解的，但其靈魂困在脆弱的物質身體裡，處於不完美的狀態。但對於一個擁有這麼多優秀特質的人，要討厭他並不容易。

他對人類懷有誠摯的愛，在審視別人的性格時，他總是先努力尋找這種美德，來作為其他許多良好特質的明確指標。他在社交場合中使人感到愉快又開朗；在嚴肅正經的工作之餘，他的娛樂便是與聰明有才幹的人交往，而他也總是受到熱烈的歡迎和高度的尊重。他能夠得體地應對，詼諧地將基於好奇而干擾嚴肅事物的渴望，引導到不同的方向。……史威登堡一生從未結婚，但這並非由於他對異性的冷淡，而是因為他把一位聰明而優雅的女性的陪伴視為最純粹的樂趣來源。然而，他深奧的研究需要家裡從早到晚都保持寧靜，因此他更傾向於獨處。

他的身體健康狀態極佳，幾乎從未有過不適；由於他總是對自己和所處的環境感到滿意，因此他從各方面來看都過著幸福的生活，不僅如此，更可以說是最高境界的幸福。但人皆不免一死，他最後一次旅居海外時住在倫敦，在最後一個十二月二十四日發生中風，並在隔年三月二十九日離開人世，此時他八十五歲，滿足於他在人世間的生活，並對最終的轉變抱著歡欣的期待。

附錄

史威登堡生平大事記

- 一六八八年一月二十九日，生於斯德哥爾摩，在此地生活至一六九二年。
- 一六九二年，春季，舉家遷至溫奧克（Vingåker）；十一月遷至烏普薩拉。
- 一六九九年六月，進入烏普薩拉大學學習。
- 一七〇三年，在烏普薩拉。舉家遷至布倫斯博（Brunsbo）。姊妹安娜結婚：史威登堡可能和她一起留在烏普薩拉。
- 一七〇九年，在烏普薩拉大學完成學業；回到布倫斯博家中。發表論文。
- 一七一〇年，展開歐洲各國旅程，陸續前往荷蘭、法國、神聖羅馬帝國（德國）等國，最後在倫敦進修學業四年。
- 一七一三年，陸續旅居於荷蘭的烏特勒支和法國巴黎。
- 一七一四年九月，待在德國的羅斯托克（Rostock）。
- 一七一五年四月，在德國的格里夫斯瓦爾德（Griefswalde），出版《卡梅納．博雷亞》（*Camena Borea*）。

- 一七一五年，回到瑞典；撰寫《代達洛斯》（*Dadalus*）和《代數》（*Algebra*）。
- 一七一六年，拜會了瑞典國王卡爾十二世，並與瑞典發明家克里斯多福・普爾海姆見面並結為好友。被任命為斯德哥爾摩的皇家礦務局的特別顧問。出版了有關機械和數學的發明的《北方的代達洛斯》（*Daedalus Hyperboreus*）的科學期刊。與普爾海姆一同為卡爾十二世工作至一七一八年。
- 一七一七年，進入皇家礦務局。
- 一七一九年－一七二〇年，繼續進行學術研究。
- 一七二一年春季，前往荷蘭和萊比錫，出版《形形色色的觀察》（*Miscellaneous Observations*）一至四卷，並研究金屬。
- 一七二二年，返回家中，嘗試引進並改進的銅加工方法。
- 一七二三年，在皇家礦務局，定期出席。
- 一七二四年七月一五日，被任命為常任評鑑委員；一直工作至一七三三年。
- 一七二九年，成為斯德哥爾摩皇家科學院的成員。
- 一七三三年五月，前往萊比錫，準備出版《哲學與礦物學》（*Opera Philosophica et Mineralia*）。

- 一七三四年，在德國萊比錫出版了三卷本的《哲學與礦物學》；於皇家礦務局及議會，定期工作至一七三六年。
- 一七三六年七月，前往巴黎研習解剖學。
- 一七三八年三月十二日，離開巴黎前往義大利，繼續相同的研習。
- 一七三九年五月，再次抵達巴黎。於十二月完成《動物王國經濟學》（*Economy of the Animal Kingdom*），並帶到阿姆斯特丹出版。
- 一七四〇年十一月，在皇家礦務局，工作至一七四三年。
- 一七四三年七月，前往阿姆斯特丹和海牙，準備出版《動物王國》（*The Animal Kingdom*）。周遊各地，詳細記載著沿途旅行的觀感，以及自秋季起開始出現的不尋常的夢境。記述時間從一七四三年七月至一七四四年十月，但是這部日記直到一八五〇年才在瑞典皇家圖書館被發現。
- 一七四四年五月，抵達倫敦。根據格約韋爾的記載，這是他第一次得到天啟。當他在倫敦一家餐館用餐後，準備起身離開，餐廳裡突然放出耀眼的光芒，在光芒中出現了一個身著潔白長袍的人，他對史威登堡說：不要吃太多。
- 一七四五年四月，第一次公開異象。撰寫《對上帝的崇拜與敬愛》（*The Worship and Love of God*）。八月，返回斯德哥爾摩，在皇家礦務局工作至一七四七年七月；

撰寫《札記》（*Adversaria*）和《聖經索引》（*Biblical Index*）。從皇家礦務局退休。

- 一七四七年二月，開始撰寫《通靈日記》（*Spiritual Diary*）。六月，辭去皇家礦務局的職務，以將精力用於解釋《聖經》，以及著手撰寫神學方面的著作。八月，抵達荷蘭。天界的狀態改變。撰寫《天國的奧秘》（*Arcana Cœlestia*）第一卷。
- 一七四八年十月，抵達倫敦，準備出版《天國的奧秘》。
- 一七四九年，夏季在阿姆斯特丹；冬季前往亞琛（Aix-la-Chapelle）。
- 一七五〇年，春季在斯德哥爾摩。繼續撰寫《天國的奧秘》至一七五八年。繼續撰寫《通靈日記》至一七六五年。
- 一七五五年至一七六二年，向議會提呈各種備忘錄。撰寫《啟示錄釋義》（*The Apocalypse Explained*）。
- 一七五八年，出版《天堂與地獄》（*Heaven and Hell*）、《最後的審判》（*The Last Judgment*）。
- 一七五九年，幾個靈異體驗傳說，使他聲名大噪。
- 一七六二年，前往阿姆斯特丹。出版《四大教義》（*Four Leading Doctrines*）。
- 一七六三年，在阿姆斯特丹。出版《神聖的愛與智慧》（*The Divine Love and*

Wisdom）及《天道》（*The Divine Providence*）。

- 一七六四年，在斯德哥爾摩。
- 一七六五年，夏季在阿姆斯特丹，準備出版《啟示錄揭秘》（The Apocalypse Revealed）。
- 一七六六年，春季前往倫敦；九月，返回斯德哥爾摩。
- 一七六八年，春季前往阿姆斯特丹，出版《婚姻之愛》（*Conjugial Love*）。九月，瑞典宗教評議會的一位牧師呼籲教會，停止一切與教義不符的神學著作的出版發行，矛頭明顯指向史威登堡。
- 一七六九年，三月在阿姆斯特丹；出版《新教教義之簡明闡述》（*A Brief Exposition of the Doctrine of the New Church*）。四月，前往巴黎和倫敦；十月，返回斯德哥爾摩。
- 一七七〇年七月，完成最後一部作品《真實的基督教教義》（*The True Christian Religion*）。
- 一七七一年七月，在阿姆斯特丹，出版《真實的基督教教義》，並前往倫敦。
- 一七七二年三月二十九日，逝世於倫敦。安葬在倫敦沙德韋爾區王子廣場附近的海外瑞典教堂。

Eman: Swedenborg

Eman: Swedenborg

Eman: Swedenborg.

Eman: Swedenborg